Marina Hell

Empfehlungssysteme für Gruppen

Wie man die Genauigkeit verbessert und unterschiedliche Settings abdeckt

Bibliografische Information der Deutschen Nationalbibliothek:

Die Deutsche Nationalbibliothek verzeichnet diese Publikation in der Deutschen Nationalbibliografie; detaillierte bibliografische Daten sind im Internet über http://dnb.d-nb.de abrufbar.

Impressum:

Copyright © Studylab 2019

Ein Imprint der GRIN Publishing GmbH, München

Druck und Bindung: Books on Demand GmbH, Norderstedt, Germany

Coverbild: GRIN Publishing GmbH | Freepik.com | Flaticon.com | ei8htz

Inhaltsverzeichnis

Abkürzungsverzeichnis V

Abbildungsverzeichnis VI

Tabellenverzeichnis VII

1 Einleitung 1

2 Recherche und Diskussion der relevanten Literatur 5

    2.1 Vorgehen der Literaturrecherche 5

    2.2 Begriffsdefinitionen 6

3 Theoretische Grundlagen zu Gruppenempfehlungssystemen 12

    3.1 Empfehlungssysteme für Einzelnutzer 12

    3.2 Empfehlungssysteme für Gruppen 13

    3.3 Empfehlungsalgorithmen 13

    3.4 Gruppierungsstrategie 23

    3.5 Aggregationsmethode 26

4 Entwicklung und Umsetzung eines Empfehlungssystems für flüchtige Gruppen 32

    4.1 Anforderungen 32

    4.2 Entwicklung des Modells 33

    4.3 Umsetzung des Modells 35

5 Implementierung der entwickelten Methode 43

    5.1 Programmeinführung KNIME 43

    5.2 Implementierung des Gruppenempfehlungssystems 43

6 Evaluation des Gruppenempfehlungssystems und Interpretation der Ergebnisse 50

    6.1 Erhebung des Datensatzes 50

    6.2 Wahl des Evaluationskriteriums 51

    6.3 Vorgehen der Evaluation 53

    6.4 Diskussion der Ergebnisse 57

7 Schluss 61

    7.1 Zusammenfassung der Arbeit 61

    7.2 Kritische Würdigung und Ausblick für zukünftige Forschung 62

Literaturverzeichnis 64

Abkürzungsverzeichnis

bzw.	beziehungsweise
ca.	circa
CBF	Content-Based Filtering
CF	Collaborative Filtering
dt.	deutsch
et al.	et altera
MAE	Mean Absolute Error
o. J.	ohne Jahr
RMSE	Root Mean Square Error
S.	Seite
s. u	siehe unten

Abbildungsverzeichnis

Abbildung 5-1 Screenshot des Content-Based Filtering Workflows in KNIME 45

Abbildung 5-2 Screenshot des Collaborative Filtering Workflows in KNIME 48

Abbildung 6-1 Auswirkung der Vorhersagegenauigkeit von Empfehlungen auf die Umsatzzahlen 52

Tabellenverzeichnis

Tabelle 2-1 Verschiedene Arten von Gruppen mit ihren Definitionen 7

Tabelle 2-2 Verschiedene Definitionen von flüchtigen Gruppe in der Literatur 8

Tabelle 3-1 Betitelungen der populärsten Gruppierungsstrategien 25

Tabelle 3-2 Aggregationsmethoden aus der Literatur im Überblick 28

Tabelle 4-1 Notation zur mathematischen Umsetzung des Modells 36

Tabelle 4-2 Beispielhafte Darstellung eines ungewichteten Itemprofils 38

Tabelle 4-3 Beispielhafte Darstellung eines gewichteten Itemprofils 39

Tabelle 4-4 Beispielhafte Darstellung des Aggregationsvorgehens 42

Tabelle 6-1 Ergebnisse der Evaluation auf Basis von 90 Testwerten 57

Tabelle 6-2 Ergebnisse der Evaluation auf Basis von 150 Testwerten 57

1 Einleitung

"We are leaving the age of information and entering the age of recommendation"

(Anderson 2006)

Aufgrund der rasanten Entwicklung der Informationstechnologie und der stetig steigenden Menge an digitalen Informationen und Daten sind wir täglich mit einer enormen Informationsüberflutung konfrontiert. Der Psychologe und Neurologe Daniel J. Levitin spricht von einem Zeitalter der Informationsüberlastung, in dem wir mehr Informationen in den letzten paar Jahren generiert haben, als in der gesamten Geschichte der Menschheit (Levitin 2015). Eine Folge der Informationsüberlastung ist, dass Konsumenten heutzutage eine Vielzahl an Items zur Verfügung stehen, aus denen es gilt, die für einen selbst interessanten und relevanten Items herauszufiltern. Das Wort Item ist in der Literatur ein gängiger Sammelbegriff für jegliche Produkte, Objekte, Inhalte, Dienstleistungen, Artikel oder lediglich Informationen, die Konsumenten angeboten werden. Im Kontext von E-Commerce Lösungen können dies beispielsweise käufliche Produkte sein, bei Online Bibliotheken Artikel oder Bücher, aber auch Spielfilme oder Restaurants sind Beispiele, die unter den Sammelbegriff Item fallen. Durch die immense Zahl der zur Verfügung stehenden Items ist es sehr schwer möglich, einen Überblick zu behalten und diese manuell nach subjektiver Relevanz zu filtern. Um diesem Problem entgegen zu wirken, sind personalisierte Empfehlungssystems (Recommender Systems) entwickelt worden. Empfehlungssysteme reduzieren die Komplexität der Entscheidungen und erleichtern Nutzern die Identifikation relevanter Items (Berkovsky und Freyne 2010; Leskovec et al. 2014; Jannach et al. 2010, S.xiii), indem sie mit Hilfe verschiedener Filteralgorithmen die Präferenzen eines Nutzers vorhersagen und ihm die geeignetsten Items empfehlen (Isinkaye et al. 2015; Baltrunas et al. 2010).

Empfehlungssysteme sind mittlerweile in unserem Alltag etabliert und ein, sowohl in der Wissenschaft, als auch in der Praxis, sehr beliebtes und relevantes Themengebiet. Park et al. (2012) haben in ihrer Studie einen Literaturüberblick über wissenschaftliche Arbeiten zum Thema Empfehlungssysteme erstellt und allein aus den Jahren 2001 bis 2010 über 210 Arbeiten zusammengetragen. Seit 2007 tagt auch jährlich die ACM Recommender Systems Conference (RecSys Conference). Ein Forum für die neusten Forschungsergebnisse und Techniken zum Thema Empfehlungssysteme, welches in den letzten Jahren mehr als 500 Teilnehmer zählte (RecSys Community 2017). Der Streaming-Anbieter Netflix stellt ein sehr gutes

Beispiel für die wissenschaftliche und praktische Relevanz von Empfehlungssystemen dar. Netflix verwendet Empfehlungssysteme, um seinen Nutzern personalisierte Film- und Serienvorschläge anbieten zu können. Allerdings hat Netflix im Jahr 2006 mit der Ausschreibung des „Netflix Prize" auch in der Forschung zu Empfehlungssystemen einen erheblichen Beitrag geleistet. Der „Netflix Prize" war ein mit einer Millionen Dollar Preisgeld dotierter Wettbewerb zur Verbesserung des unternehmenseigenen Empfehlungssystems und zählte tausende teilnehmende Teams aus unterschiedlichsten Nationen (Bennett und Lanning 2007; Gomez-Uribe und Hunt 2016; Lohr 2009).

Viele erfolgreiche Anwendungsbeispiele von Empfehlungssystemen unterstreichen auch ihre Relevanz in der Praxis. Große Unternehmen wie beispielsweise Amazon, eBay, iTunes oder Google sind dafür bekannt, dass sie Empfehlungssysteme verwenden (Pathak et al. 2010). Laut Adomavicius et al. (2013) sind 38 % der Google News Clicks auf Empfehlungssysteme zurück zu führen und 35% des Umsatzes von Amazon ebenfalls. Die Einführung von Empfehlungssystemen hat sowohl Kunden als auch Unternehmen gänzlich neue Möglichkeiten und Vorteile eröffnet. Empfehlungssysteme ermöglichen Nutzern effizienter aus einer großen Anzahl angebotener Produkte zu filtern und reduzieren somit die mit der Suche verbundenen Transaktionskosten (Isinkaye et al. 2015). Laut der 2007 durchgeführten ChoiceStream Umfrage sind 45 % der Nutzer eher dazu geneigt, auf Webseiten einzukaufen, die Empfehlungssysteme verwenden (ChoiceStream 2017). Unternehmen, die Empfehlungssysteme einsetzen, profitieren nicht nur davon, dass Kunden ihre Dienste bevorzugen, wie die oben genannte Studie bestätigt, sondern auch durch erhöhte Kundenloyalität, Click-Through und Conversion Rates und die damit verbundene Umsatzsteigerungen (Adomavicius et al. 2013; Linden et al. 2003).

In den letzten Jahren ist eine neue Art von Empfehlungssystemen in den Fokus gerückt, die sich auf Items spezialisiert, welche kollektiv konsumiert werden (Christensen et al. 2016). Es zeigt sich, dass manche Arten von Items mindestens genauso oft von Gruppen wie von Individuen genutzt werden und die Empfehlung von Items für Gruppen in manchen Situationen sogar sinnvoller und gebräuchlicher ist als für Einzelnutzer (Baltrunas et al. 2010; Jameson und Smyth 2007). Als Beispieldomänen für den sinnvollen Einsatz von Gruppenempfehlungssystemen geben Berkovsky und Freyne (2010) unter anderem Touristenattraktionen oder Stadtführungen, Urlaube, Spielfilme oder TV Programme, sowie die Musikauswahl für öffentliche Orte an. Auch der Besuch diverser Veranstaltungen wie Konzerte oder

Musicals, Vergnügungsparks oder Einkaufszentren wird oft in Gruppen getätigt und bietet damit Raum für Gruppenempfehlungssysteme (Marchand und Hennig-Thurau 2012, S.4). Der Bedarf an Gruppenempfehlungssystemen ist nicht nur in diesen geläufigen Alltagssituationen gegeben. Durch die technologische Entwicklung der letzten Jahre hin zur konstanten Nutzung von mobilen Geräten ergeben sich auch immer mehr neue Möglichkeiten, Gruppenempfehlungssysteme sinnvoll einzusetzen (Jameson und Smyth 2007). Beispiele für diese technologisierten, relativ neu entstandenen Situationen, in denen Gruppenempfehlungssysteme ebenfalls einsatzbar sind, können unter anderem die Nutzung von Tablets, Mobiltelefonen, Spielekonsolen oder Smart TVs in Gruppen sein. Jameson und Smyth (2007) reden auch von einem Potenzial für Gruppenempfehlungssysteme bei Anzeigetafeln oder Informationskiosken an öffentlichen Orten. Dies zeigt, dass der Bedarf für Gruppenempfehlungssysteme in alltäglichen Domänen bereits besteht und auch höchstwahrscheinlich zukünftig gegeben sein wird, aber auch, dass durch kontinuierliche Innovation neue Situationen für Gruppenempfehlungssysteme entstehen und sie somit zu einem sehr aktuellen Forschungsgebiet machen. Trotz des vorhandenen Bedarfs und der damit verbundenen Relevanz von Gruppenempfehlungssystemen ist dies noch ein relativ modernes Forschungsgebiet mit vergleichsweise wenig erfolgreichen Anwendungsbeispielen in der Praxis. Aus der bisherigen Literatur geht hervor, dass verschiedene Arbeiten der vergangenen Jahre Empfehlungssysteme für spezielle Domänen und verschiedenste Arten von Gruppen konzipiert haben. Die Herausforderung dieser Arbeit besteht allerdings darin, ein allgemein anwendbares und nicht domänenspezifisches Verfahren zur Generierung von Empfehlungen für eine spezielle Art von Gruppen, den flüchtigen Gruppen, zu entwickeln. Zusätzlich grenzt sich diese Arbeit durch neue Ansätze und Weiterentwicklungen bisheriger Verfahren von anderen Arbeiten in diesem Forschungsfeld ab.

Die allgemeine Forschungsfrage dieser Arbeit lautet daher wie folgt:

> Wie können in einem domänenunabhängigen Setting Empfehlungen für flüchtige Gruppen generiert werden, welche eine möglichst hohe Vorhersagegenauigkeit in Bezug auf die tatsächlichen Präferenzen der Gruppe enthalten?

Ziel dieser Arbeit ist es, ein Konzept für die Umsetzung der Forschungsfrage zu erarbeiten, zu implementieren und zu evaluieren. Für die Evaluation des Modells werden mithilfe eines konkreten Experiments eigenständige Daten erhoben und getestet. Somit grenzt sich diese Arbeit nicht nur von dem Forschungsbereich der

Einzelnutzerempfehlungssysteme ab, sondern auch von Arbeiten zu ganz speziellen Domänen und anderen Gruppenarten.

Zur Erreichung der Zielsetzung ist der weitere Verlauf dieser Arbeit wie folgt strukturiert: Im zweiten Kapitel wird die Vorgehensweise der Literaturrecherche näher erläutert und ein Literaturüberblick gegeben, um ein allumfassendes Bild des State-of-the-Art bei Gruppenempfehlungssystemen zu erlangen. Zusätzlich werden Begriffsdefinitionen erarbeitet, die sich aufgrund der Dissense in der Literatur ergeben haben. Dabei wird diese Arbeit auch gleichzeitig klar von anderen Arbeiten in ähnlichen Forschungsgebieten abgegrenzt. Im anschließenden Teil der Arbeit, dem dritten Kapitel, werden die theoretischen Grundlagen zu Gruppenempfehlungssystemen näher betrachtet. Hierbei werden die verschiedenen Attribute oder Optionen, die bei dem Design eines Gruppenempfehlungssystems zur Verfügung stehen, erklärt und deren Vor- und Nachteile in Betracht gezogen, um bei der Konzeption des eigenen Empfehlungssystems fundierte Entscheidungen zu den verwendeten Verfahren treffen zu können. Im Hauptteil der Arbeit wird auf Basis der definierten Anforderungen an das System und mit Hilfe der zuvor betrachteten theoretischen Grundlagen ein eigenes Gruppenempfehlungssystem entwickelt und mathematisch umgesetzt. Darauf aufbauend erfolgt die Implementierung des Systems in Excel und in KNIME, um eine Inbetriebnahme und Evaluation zu ermöglichen. Im fünften Kapitel soll das entwickelte System evaluiert werden. Dafür wird zunächst das Experiment zur Erhebung des Datensatzes umrissen und das eigene Modell anschließend mit Hilfe der erhobenen Daten im Hinblick auf das gewählte Evaluationskriterium kritisch betrachtet. Zuletzt erfolgt eine Zusammenfassung der Ergebnisse mit einem Ausblick auf mögliche zukünftige Forschungen und einer kritischen Würdigung der eigenen Arbeit.

2 Recherche und Diskussion der relevanten Literatur

Das primär interessierende Phänomen dieser Arbeit ist die Konzeption, Implementierung und Evaluation eines Gruppenempfehlungssystems für flüchtige Gruppen. Seit einigen Jahrzenten beschäftigt sich die Forschungsliteratur mit Empfehlungssystemen und in den letzten Jahren auch intensiver mit Gruppenempfehlungssystemen. Autoren sind dabei zu verschiedensten Ergebnissen und Entwicklungen gekommen. Zweck dieses Teils der Arbeit soll sein, den bisherigen Stand der Literatur zum Thema Gruppenempfehlungssysteme zu beleuchten und einen systematischen Überblick über die relevantesten und prägendsten Forschungsergebnisse aus bisher veröffentlichten Studien herauszuarbeiten. Der Aufbau des zweiten Kapitels soll daher wie folgt kategorisiert werden: Zuerst wird die Vorgehensweise der Literaturrecherche näher beschrieben. Dann werden Dissense in der Literatur bezüglich der Begrifflichkeit zu Gruppen diskutiert und die für diese Arbeit verwendeten Begriffe klar definiert. Abschließend wird ein genereller Überblick über die bisherigen Entwicklungen im Bereich Gruppenempfehlungssysteme gegeben.

2.1 Vorgehen der Literaturrecherche

Gruppenempfehlungssysteme sind ein sehr komplexes Themengebiet, denn sie umfassen eine große Menge an untergeordneten Aspekten, die es bei der Konzeption zu beachten gilt. Viele Forscher haben sich bereits mit Empfehlungssystemen und auch mit Gruppenempfehlungssystemen beschäftigt, daher ist es notwendig, einen Überblick über die relevantesten Entwicklungen, Trends und den bisherigen Stand der Forschung zu erlangen. Dies erfolgt mittels einer strukturierten Literaturrecherche gemäß Webster und Watson (2002). Für die Recherche wurde in den folgenden Datenbanken nach dem Schlagwort „Group Recommender Systems" gesucht.

- „Google Scholar"
- „ACM Digital Library"

Beide Datenbanken enthielten mehr als 60.000 Treffer, daher musste die Literaturrecherche eingegrenzt werden. Die Ergebnisse wurden nach Relevanz sortiert und nur die ersten 60 Arbeiten betrachtet. Von den relevantesten Arbeiten wurde der Abstract gelesen. Masterarbeiten, Dissertationen und Working Paper wurden hierbei im Vornherein ausgeschlossen. Auf Basis der relevantesten Arbeiten wurde zusätzlich eine Vorwärts- und Rückwärtssuche mit den wichtigsten Quellenangaben durchgeführt. Ging aus dem Abstract hervor, dass die Veröffentlichung für das

Thema dieser Arbeit von Interesse ist, wurde die Veröffentlichung ganz gelesen. Alle Arbeiten, die nach der Filterung weiterhin von Relevanz waren, wurden untergliedert in praktische und theoretische Arbeiten. Zu den praktischen Arbeiten zählen diejenigen, die ein eigenes Gruppenempfehlungssystem entwickelt haben. Diese praktischen Arbeiten wurden auf Basis verschiedener Attribute eingeordnet, um einen strukturierten Literaturüberblick zu erlangen und eine Grundlage für die Erfassung der Theorie im Bereich Gruppenempfehlungssysteme zu bilden.

Die hierfür verwendeten Attribute lauten wie folgt:

- Art der Gruppe, für die das System entwickelt wurde
- Anwendungsdomäne
- Empfehlungsalgorithmus
- Gruppierungsstrategie
- Aggregationsmethode

Auch die identifizierten theoretischen Arbeiten im vorliegenden Themenbereich dienen als unterstützender Beitrag zu den theoretischen Grundlagen des anschließenden Kapitels. Dort wird auch auf die Attribute Empfehlungsalgorithmus, Gruppierungsstrategie und Aggregationsmethode näher eingegangen.

2.2 Begriffsdefinitionen

Aus der differenzierten Literaturrecherche geht hervor, dass Gruppen in der Forschung hinsichtlich ihrer Natur und des Grundes für die Zusammenkunft unterschieden werden, weswegen es verschiedene Formen von Gruppen gibt. Quintarelli et al. (2016) unterscheiden lediglich zwischen permanenten und flüchtigen Gruppen. Wobei flüchtige Gruppen laut ihrer Definition aus Nutzern bestehen, die zum ersten Mal zusammentreffen und permanente Gruppen bereits eine gemeinsame Historie an Aktivitäten vorweisen. Boratto und Carta (2010) gliedern Nutzer von Gruppenempfehlungssystemen dagegen in vier Arten von Gruppen: Langzeit-Gruppen, die ein Interesse teilen und bewusst entschieden haben, Teil der Gruppe zu sein („*Established group*"), Gelegenheitsgruppen, die für einen Moment ein gemeinsames Ziel oder einen gemeinsamen Anlass haben („*Occasional group*") und zufällig gebildete Gruppen mit Mitgliedern, die für eine bestimmte Zeit eine Umgebung teilen („*Random group*"), sowie automatisch identifizierte Gruppen, die auf Basis ihrer Präferenzen und den vorhandenen Ressourcen automatisch identifiziert werden („*Automatically identified group*").

Art der Gruppe	Definition von Boratto und Carta (2010)
Established group	"A number of persons who explicitly choose to be a part of a group, because of shared, long-term interests."
Occasional group	"A number of persons who do something occasionally together, like visiting a museum. Its members have a common aim in a particular moment."
Random group	"A number of persons who share an environment in a particular moment, without explicit interests that link them."
Automatically identified group	"Groups that are automatically detected considering the preferences of the users and/or the resources available."

Tabelle 2-1 Verschiedene Arten von Gruppen mit ihren Definitionen

Der Fokus dieser Arbeit wird auf Empfehlungssysteme für flüchtige Gruppen gelegt, welche einer Kombination aus den Gelegenheits-Gruppen und den zufällig gebildeten Gruppen von Boratto und Carta (2010) entsprechen. Ein einheitlicher Begriff für diese Form von Gruppen hat sich jedoch in der relativ jungen Literatur zu diesem Thema bisher noch nicht etabliert. Wie bereits angedeutet, verwenden Boratto und Carta (2010) den Begriff zufällige Gruppen (*"Random groups"*), oder Gelegenheitsgruppe (*"Occasional group"*). Quintarelli et al. (2016) verwenden für die gleiche Art von Gruppe den Begriff flüchtig (*"Ephemeral groups"*) und Beckmann und Gross (2011), Basu Roy et al. (2015) und Baltrunas et al. (2010) den Begriff Ad-hoc-Gruppen (*"Ad-hoc groups"*).

Aufgrund dieses Dissenses in der Literatur wird für die vorliegende Arbeit entschieden, einheitlich den Begriff „flüchtige Gruppe" zu verwendet. Die Abgrenzung einer flüchtigen Gruppe gegenüber einer Langzeit-Gruppe wird für den Rahmen dieser Arbeit an die Definition von Quintarelli et al. (2016) angelehnt und wie folgt definiert: Flüchtige Gruppen bestehen aus Nutzern, die in einer Umgebung erstmalig in der Konstellation zusammentreffen und in der Vergangenheit als Gruppe gemeinsamen keine Bewertungen abgegeben haben, was bedeutet, dass keine gemeinsame Historie an Bewertungen von der Gruppe besteht. Ein zusammenfassender Überblick über die verschiedenen, in der Literatur verwendeten, Definitionen ist in der folgenden Abbildung zu finden.

Begriff	Definition	Autor
Random group	"A number of persons who share an environment in a particular moment, without explicit interests that link them."	Boratto und Carta (2010)
Occasional group	„A number of persons who do something occasionally together, like visiting a museum. Its members have a common aim in a particular moment."	Boratto und Carta (2010)
Ephemeral group	"When ephemeral groups are considered, on the contrary, no group history is available, and therefore the group preferences must be computed on the basis of those known for the individual users composing the group. [...] Since for persistent groups a history of past activities is available [...]."	Quintarelli et al. (2016)
	"A user group can be formed on a recurring basis, e.g., friends who meet regularly for dinner, or on an ephemeral basis, e.g., random users getting together for a weekend climbing trip organized by their sports club."	Amer-Yahia et al. (2009)
Ad-Hoc group	„ad-hoc groups (who can form spontaneously)"	Beckmann und Gross (2011)
	„What all these recommender systems have in common is that they assume that the groups are ad hoc, are formed organically and are provided as inputs."	Basu Roy et al. (2015)
	„These groups can vary from stable groups to adhoc groups requiring recommendations only occasionally."	Baltrunas et al. (2010)
	"The users of such systems operate not individually but in groups, which may vary from formally established, long-term groups to ad hoc collections of individuals who use a system together on a particular occasion."	Jameson und Smyth (2007)

Tabelle 2-2 Verschiedene Definitionen von flüchtigen Gruppe in der Literatur

Im Bereich Einzelnutzerempfehlungssysteme sind bereits eine Vielzahl von Systemen entwickelt worden, doch auch das Forschungsfeld zu Gruppenempfehlungssystemen hat in den letzten Jahren an Popularität gewonnen. Die Besonderheit dieser Arbeit besteht darin, zum einen ein Empfehlungssystem zu entwerfen, das Empfehlungen für flüchtige Gruppen generiert und zum anderen, dass es allgemein anwendbar und somit nicht domänenspezifisch ist. Das eigene System soll domänenübergreifend anwendbar sein, daher wird nun ein Überblick erarbeitet, welche Domänen für flüchtige Gruppen bisher in der Literatur relevant waren und welche Systeme für diese Domänen bisher entwickelt wurden. Hierfür werden im Folgenden ausschließlich Empfehlungssysteme diskutiert, die im weitesten Sinne der Definition einer flüchtigen Gruppe gerecht werden und nach ihren Anwendungsdomänen geordnet vorgestellt. Die relevanten Arbeiten wurden mithilfe der oben beschriebenen Literaturrecherche erfasst und mit dem von Boratto und Carta (2010) bereits veröffentlichten Literaturüberblick über Empfehlungssysteme für Gruppen verglichen und teilweise ergänzt.

In der Tourismus-Domäne können flüchtige Gruppen per Definition dieser Arbeit in verschiedenen Situationen auftreten. Beispielsweise kann eine Gruppe, die bisher noch nie gemeinsame Bewertungen abgegeben hat zufällig für eine Stadttour zusammen kommen. Auch eine Gruppe von Menschen, die zum ersten Mal zusammen in den Urlaub reisen oder Menschen, die sich ein Transportmittel zum Urlaubsziel teilen, können in dieser Domäne für Empfehlungssysteme für flüchtige Gruppen interessant sein. Bisher wurden bereits einige Systeme für diese Situationen entworfen. CATS (Collaborative Advisory Travel System) (McCarthy et al. 2006) generiert Empfehlungen für einen gemeinsamen Skiurlaub von maximal vier Personen anhand von Content-Based Filtering mit der Besonderheit, dass Nutzer einzelne Eigenschaften einer Empfehlung kritisieren können, um die Eignung der Empfehlung zu verbessern. Das heißt, das System ist mit interaktiven und kooperativen Attributen gestaltet. Travel Decision Forum (Jameson 2004) dagegen dient Gruppen, die einen Urlaub zusammen planen möchten, primär als Schnittstelle der individuellen Präferenzen der Gruppenmitglieder. Nutzer können die Interessen der anderen Gruppenmitglieder sehen und kopieren. Empfehlung werden dann mittels Content-Based Filtering generiert und anhand des Medianes aggregiert (Jameson 2004). Grouptourrec (Coles et al. 2016, S.412 ff.) ist eines der aktuellsten Gruppenempfehlungssysteme im Bereich Tourismus und generiert Empfehlungen für Sightseeing-Touren. Das System verwendet hierfür Clustering-Methoden. Christensen et al. (2016) haben in der Tourismus-Domäne ein Hybrides System aus Content-Based, Collaborative und Demographic Filtering für Gruppentouren entwickelt.

Auch in der Film- und TV-Domäne ist der Bedarf an Empfehlungssystemen für flüchtige Gruppen vorhanden. Bei Kinobesuchen, einem Filmabend zuhause oder der Wahl des TV Programms können Gruppen auftreten, die zuvor in der Konstellation keine Aktivität unternommen haben und bisher als Gruppe keine Bewertungen abgegeben haben. PolyLens (O'Connor et al. 2002) beispielsweise wurde entwickelt, um einer Nutzergruppe einen Film empfehlen zu können. Die Generierung der Empfehlung geschieht hier mittels Collaborative Filtering und die Aggregation zu einer Gruppenempfehlung mit Hilfe der Least Misery Methode. TV4M (Yu et al. 2006) ist dagegen auf Empfehlungen von Fernsehsendungen spezialisiert und verwendet für die Generierung der Empfehlung Content-Based Filtering, eine Aggregation der Nutzerpräferenzen als Gruppierungsstrategie und eine neu entwickelte Aggregationsmethode, die „Total Distance Minimization".

Ganz besonders in der Musik-Domäne können flüchtige Gruppen häufig auftreten. In verschiedensten Situationen, wie z.b an öffentlichen Orten, in Fitnessstudios oder Wartezimmern, können sich Menschen ansammeln, die bisher in der Gruppenkonstellation keine Musik gemeinsam bewertet haben, aber für die es interessant ist, passende Musikempfehlungen zu erhalten. Adaptive Radio (Chao et al. 2005) wurde beispielsweise entwickelt, um einer Gruppe von Menschen in einem Büro Musik vorzuschlagen. Das System unterscheidet sich durch ein besonderes Vorgehen. Hier werden negative Präferenzen betrachtet, das heißt Nutzer geben nicht an was ihnen gefällt, sondern was sie nicht hören möchten. Somit werden bei diesem Vorgehen Songs ausgeschlossen, die der Gruppe nicht gefallen würden. MusicFX (McCarthy und Anagnost 1998) auf der anderen Seite generiert mit Hilfe von Collaborative Filtering Musikempfehlungen für Nutzer eines Fitnessstudios. Flytrap (Crossen et al. 2001) spezialisiert sich wiederum darauf Musik für Gruppen in Gaststuben zu generieren und analysiert hierfür MP3 Dateien der Anwesenden. Die Informationen werden vom System durch Content-Based Filtering ausgewertet. Anschließend bewertet ein repräsentativer Agent jedes Nutzers die Musik im Sinne seiner Präferenzen.

Auch Restaurants sind eine populäre Domäne für flüchtige Gruppen. Sowohl McCarthy (2002), als auch Park et al. (2008) haben Gruppenempfehlungssysteme für einen gemeinsamen Restaurantbesuch entwickelt. Pocket Restaurant Finder (McCarthy 2002) erfasst die individuellen Präferenzen der Gruppenmitglieder und berechnet auf der Grundlage die Präferenzen für bisher unbekannte Restaurants. Diese werden anschließend mit der Average Aggregationsmethode zu einer Gruppenpräferenz zusammengefasst, um der Gruppe eine allgemeine Empfehlung aussprechen zu können.

Let's Browse (Lieberman et al. 1999) hat sich auf eine bisher etwas weniger bekannte Domäne in der Literatur spezialisiert, indem das System einer Nutzergruppe Webseiten empfiehlt. Hierfür werden auf Basis bestimmter Keywords Nutzerprofile erstellt, die linear zu einem Gruppenprofil kombiniert werden. Empfohlen werden dann Webseiten, die mit Keywords aus den Nutzerprofilen übereinstimmen.

Die vorgestellten Systeme haben sich primär auf die Anwendung in bestimmten Domänen fokussiert, wenngleich manche der verwendeten Methoden und Algorithmen möglicherweise auch auf andere Domänen übertragbar wären. Lediglich Quintarelli et al. (2016) hat nach Kenntnis des Autors bisher bereits ein allgemeines und nicht domänenspezifisches Empfehlungssystem für flüchtige Gruppen entwickelt. Eine Besonderheit ihres Systems ist ein Lösungsansatz des New Item Kaltstartproblem und die Miteinbeziehung von Kontextinformationen. Ziel dieser Arbeit ist es ebenfalls ein allgemein anwendbares und nicht domänenspezifisches Empfehlungssystem zu entwickeln, das flüchtige Gruppen adressiert. Durch Weiterentwickelungen bisheriger Verfahren und neue Ansätze wird sich das entwickelte System dennoch von anderen Arbeiten in diesem Forschungsbereich abgrenzen. Hierfür werden im anschließenden Kapitel Grundlagen des Themenbereichs vermittelt, um darauf aufbauend ein eigenes System zu entwickeln.

3 Theoretische Grundlagen zu Gruppenempfehlungssystemen

In diesem Teil der Arbeit sollen theoretische Grundlagen zu Gruppenempfehlungssystemen erarbeitet werden. Aus der strukturierten Literaturrecherche ging hervor, dass in den letzten Jahrzehnten eine Vielzahl verschiedener Algorithmen und Methoden für die Generierung von Empfehlungen für Gruppen entwickelt wurden. Diese verschiedenen Möglichkeiten wurden während der Literaturrecherche zusammengetragen und werden im weiteren Verlauf dieses Kapitels vorgestellt. Zuerst werden Empfehlungssysteme, sowie speziell Gruppenempfehlungssysteme und deren Herausforderungen näher definiert. Im Anschluss werden die bekanntesten Methoden für das Design von Gruppenempfehlungssystemen vorgestellt. Bei der Konzeption eines Gruppenempfehlungssystems sind drei übergeordnete Designentscheidungen zu treffen: die Wahl des Empfehlungsalgorithmus, die Wahl der Gruppierungsstrategie und die Wahl der Aggregationsmethode. Jede dieser Designentscheidungen verfügt über verschiedenste Umsetzungsmöglichkeiten, von denen die bisher populärsten Methoden in den entsprechenden Absätzen näher betrachtet werden. Zusätzlich werden deren Vor- und Nachteile, oder sofern keine spezifischen Vor- und Nachteile aus der Literatur ersichtlich sind, die Eignung der Methode in der Praxis diskutiert. Ziel dieses Kapitels ist es mit Hilfe der theoretischen Grundlagen zu Gruppenempfehlungssystemen im darauf folgenden Teil der Arbeit qualifizierte Designentscheidungen über das eigens zu entwickelnde Modell treffen zu können.

3.1 Empfehlungssysteme für Einzelnutzer

Empfehlungssysteme für Einzelnutzer analysieren Nutzerdaten im Hinblick auf bestimmte Charakteristiken und versuchen die Bewertungen vorherzusagen, die ein Nutzer den Items, die er noch nicht kennt, geben würde (McCarthy und Anagnost 1998). Wie ein Nutzer ein Item voraussichtlich bewerten würde, wird mittels einer der im späteren Verlauf vorgestellten Empfehlungsalgorithmen berechnet. Die für das System verfügbaren Nutzerdaten werden häufig in Form einer Bewertungsmatrix gesammelt, welche für das Verständnis der folgenden Abschnitte kurz erläutert werden muss. Die Bewertungsmatrix bildet ab, welche Bewertungen Nutzer den jeweiligen Items in der Vergangenheit gegeben haben, wobei die Bewertungen der Nutzer in Zeilen abgebildet sind und die Bewertungen der Items in Spalten. Als Bewertungsvektor wird dabei der Vektor aller Bewertungen eines Benutzers bezeichnet.

3.2 Empfehlungssysteme für Gruppen

Ziel der Einzelnutzerempfehlungssysteme ist unter anderem den Geschmack des Nutzers so genau wie möglich vorherzusagen, um den Wert des Items für den betrachteten Nutzer zu maximieren (Marchand und Hennig-Thurau 2012, S.128). Hierbei stehen ausschließlich die Präferenzen des Nutzers im Vordergrund. Im Gegensatz zu Einzelnutzerempfehlungssystemen haben Gruppenempfehlungssysteme das Ziel, den Geschmack der gesamten Gruppe so präzise wie möglich abzubilden. Der gemeinsame Gruppenwert besteht aus aggregierten Einzelwerten der Gruppenmitglieder (Marchand und Hennig-Thurau 2012, S.128). Das heißt Empfehlungsalgorithmen, die für die Vorhersage von Einzelnutzerbewertungen verwendet werden, bilden ebenfalls die Grundlage für Gruppenempfehlungssysteme (Jameson 2004). Daher werden diese im weiteren Verlauf des Kapitels näher vorgestellt. Dennoch sind die Präferenzen der einzelnen Gruppenmitglieder oft sehr unterschiedlich (Popescu 2013). Gruppenempfehlungssysteme müssen daher den Geschmack vieler Einzelnutzer nicht nur wahrnehmen, sondern auch berücksichtigen. Diese Tatsache stellt Gruppenempfehlungssysteme vor zwei Herausforderungen: Zum einen müssen Gruppenempfehlungssysteme die Meinungsverschiedenheiten in einer Gruppe bestmöglich lösen (Amer-Yahia et al. 2009) und zum anderen müssen die unterschiedlichen Präferenzen während des Empfehlungsverfahrens zu einer Gruppenempfehlung aggregiert werden. Aufgrund dieser Herausforderungen werden hierbei, im Gegensatz zu Einzelnutzerempfehlungssystemen, drei Methoden angewendet um eine Empfehlung für eine Gruppe zu generieren: Der Empfehlungsalgorithmus, die Gruppierungsstrategie und die Aggregationsmethode. Jedes dieser Verfahren hat Einfluss auf die Qualität der letztendlich generierten Empfehlungen, weswegen die drei Verfahren mit ihren jeweilgen Umsetzungsmöglichkeiten nun näher vorgestellt werden.

3.3 Empfehlungsalgorithmen

Der Empfehlungsalgorithmus ist einer der zentralen Bausteine des Empfehlungssystems und die Grundlage auf welcher Empfehlungssysteme unterschieden werden. Die Unterscheidung ist auf die unterschiedliche Verwendung der Nutzerinformationen zurückzuführen (Christensen et al. 2016). Angelehnt an die Arbeiten von Aggarwal (2016), Burke (2007), Bokde et al. (2015), Park et al. (2012) und Ricci et al. (2011) werden nun die populärsten Ansätze von Empfehlungsalgorithmen näher erläutert, sowie deren Stärken und Schwächen analysiert.

- Collaborative Filtering
- Content-Based Filtering
- Knowledge-Based Filtering
- Demographic Filtering
- Hybrid Filtering

3.3.1 Collaborative Filtering

Collaborative Filtering ist einer der meist ausgereiften und meist implementierten Empfehlungsalgorithmen (Isinkaye et al. 2015). Besonders in den letzten Jahren ist die Aufmerksamkeit für Collaborative Filtering durch neue Entwicklungen bei Wettbewerben wie dem Netflix Prize oder des Yahoo! Music KDD Cups stark gestiegen (Bogers und Koolen 2016). Collaborative Filtering kann mit unterschiedlichen Verfahren umgesetzt werden. Die Gemeinsamkeit aller Collaborative Filtering Verfahren ist die Annahme, dass es eine Korrelation zwischen Nutzern und Items gibt (Aggarwal 2016, S.8). Aufgrund dieser Annahme können unbekannte Bewertungen mithilfe bekannter Bewertungen ähnlicher Nutzer oder Items berechnet werden (Aggarwal 2016, S.8; Schafer et al. 2007). Breese et al. (1998) unterteilen Collaborative Filtering in zwei grundlegende Arten, die im Folgenden mit ihren weiteren Ausprägungen näher erläutert werden:

- Memory-Based Collaborative Filtering
- Model-Based Collaborative Filtering

3.3.1.1 Memory-Based Collaborative Filtering

Memory-Based Collaborative Filtering trägt diesen Namen, da hier die ursprünglichen Daten der Bewertungsmatrix gespeichert werden und für die Empfehlungsgenerierung herangezogen werden (Jannach et al. 2010, S.26). Aufgrund der Verfahrensweise ist die Methode auch bekannt unter dem Namen Neighborhood-Based Collaborative Filtering, denn es werden hierbei die „nächsten Nachbarn" identifiziert. Dieses Verfahren beruht auf der Annahme, dass Nutzer die in der Vergangenheit ähnliche Präferenzen aufwiesen, auch in der Zukunft den gleichen Geschmack aufweisen werden (Schafer et al. 2007). Das heißt, Nutzer die sich ähnlich sind weisen ähnliches Bewertungsverhalten auf und Items die sich ähnlich sind erhalten ähnliche Bewertungen (Aggarwal 2016, S.29). Aufgrund letzterer Tatsache wird das Memory-Based Verfahren unterschieden zwischen User-Based und Item-Based.

3.3.1.1.1 User-Based Collaborative Filtering

Die User-Based Methode vergleicht die vorhandenen Bewertungen aller Nutzer und versucht auf Basis ihrer Bewertungsmuster Nutzer mit hoher Ähnlichkeit zu identifizieren (Aggarwal 2016, S.28). Die Bewertungsvorhersage für den betrachteten Nutzer wird dann mit Hilfe der Bewertungen der ihm ähnlichsten Nutzer berechnet (Wang et al. 2004). Für die Berechnung der Ähnlichkeit zwischen den Nutzern werden Ähnlichkeitsmaße herangezogen.

3.3.1.1.2 Item-Based Collaborative Filtering

Dieses Verfahren basiert auf dem gleichen Prinzip der User-Based Methode, allerdings transponiert auf die Ähnlichkeit zwischen Items, statt ähnlicher Nutzer. Um zu bestimmen, welche Bewertung ein Nutzer einem Item geben würde, wird betrachtet, welche Bewertung der Nutzer ähnlich bewerteten Items gegeben hat (Aggarwal 2016, S.29).

3.3.1.2 Vor- und Nachteile des Memory-Based Collaborative Filtering

Die Vorteile des User-Based und des Item-Based Ansatzes sind prinzipiell identisch, bis auf die Tatsache, dass Item-Based Colliboarative Filtering nachgesagt wird für den Nutzer etwas genauere Empfehlungen zu generieren, da dieser Ansatz sich auf die eigenen Ratings des Nutzers stützt und nicht auf die Ratings eines ähnlichen Nutzers (Aggarwal 2016, S.42). Bei dem User-Based Verfahren kann die Situation aufkommen, dass trotz eines ähnlichen Bewertungsverhaltens die Interessen voneinander abweichen und bestimmte Empfehlungen in manchen Fällen weniger relevant für den Nutzer sein könnten.

Einige Vorteile dagegen sind beiden Verfahren gemein. Beispielsweise ist es bei der Memory-Based Methode relativ einfach neue Daten über Nutzer oder Items hinzuzufügen, da das Verfahren kontinuierlich Empfehlungen neu berechnet und neu hinzukommende Informationen berücksichtigen kann (Bokde et al. 2015). Außerdem sind keine inhaltlichen Informationen über Items und ihre Eigenschaften für die Anwendung des Verfahrens notwendig. Dieses Verfahren berücksichtigt lediglich Ähnlichkeiten der Bewertungsmuster zwischen Nutzern und Items, wofür keine Hintergrundinformationen zu Items notwendig sind, im Gegensatz zum Content-Based Filtering (Bokde et al. 2015).

In der Vergangenheit haben sich dennoch einige Schwächen des Memory-Based Collaborative Filtering Ansatzes aufgetan. Wie oben genannt, ist Anwendung des Verfahrens abhängig von Nutzerbewertungen, daher ist es problematisch

Empfehlungen für neu hinzukommende Nutzer oder Items zu generieren, wenn ihr Nutzerprofil oder Itemprofil bislang ohne Bewertungen ist und der Geschmack der Nutzers dadurch noch unbekannt ist (Bokde et al. 2015; Isinkaye et al. 2015). Außerdem ist eine sehr spärliche Bewertungsmatrix problematisch. Dies tritt auf, wenn nur ein kleiner Teil der vorhandenen Items bewertet wurden und macht es bei der Berechnung schwierig, nächste Nachbarn zu lokalisieren (Isinkaye et al. 2015). Dies hat wiederum zur Folge, dass die Genauigkeit der Empfehlungen nachlassen kann (Sarwar et al. 2000).

3.3.1.3 Model-Based Collaborative Filtering

Im Gegensatz zur Memory-Based Methode werden beim Model-Based Collaborative Filtering die Daten der Bewertungsmatrix offline vorverarbeitet (Jannach et al. 2010, S.26). Das bedeutet, die Daten werden im Vorhinein zuerst abstrahiert (Sarwar et al. 2001) und im Vorfeld ein zusammenfassendes Modell auf Basis der Bewertungen erstellt (Aggarwal 2016, S.7; Adomavicius und Tuzhilin 2005). Wurden die Modellparameter erstellt, generieren diese Empfehlungen, ohne die im System vorhandenen Daten verwenden zu müssen (Marchand und Hennig-Thurau 2012, S.101). Hierbei kommen unterschiedliche Data Mining und Machine Learning Modelle zum Einsatz, die im weiteren Verlauf dieses Abschnittes vorgestellt werden (Isinkaye et al. 2015). Das Model-Based Verfahren hat ebenfalls durch den Netflix Prize in letzter Zeit an Popularität gewonnen und es werden konstant Weiterentwicklungen der Varianten vorgestellt, sodass der Fokus dieses Kapitels im Rahmen der vorliegenden Arbeit ausschließlich auf die bisher bekanntesten Varianten des Model-Based Verfahrens gesetzt wird.

3.3.1.3.1 Rule-Based Models

Bei diesem Verfahren werden Maße wie *Support* und *Konfidenz* angewandt, um die Korrelation zwischen Items aufzudecken. Es wird versucht Assoziationsregeln nach dem „Wenn ..., dann..."- Prinzip aufzustellen und Empfehlungen auf Basis dieser Regeln abzuleiten (Aggarwal 2016, S.77, Ricci et al. 2011, S.51). Ein einfaches Beispiel hierfür ist der Ansatz, wenn Person X einen Apfel mag, dann ist es wahrscheinlich, dass ihm auch eine Banane gefallen wird (Marchand und Hennig-Thurau 2012, S.102).

3.3.1.3.2 Bayesian Classifier

Um Empfehlungen auszusprechen werden hier bedingte Wahrscheinlichkeiten für die gegebenen Klassen berechnet (Isinkaye et al. 2015; Ricci et al. 2011, S.52).

Clustering Models

Items werden hierbei Clustern zugeteilt, wobei sich Items desselben Clusters ähnlich sind und die Cluster untereinander unähnlich (Isinkaye et al. 2015). Ziel des Clustering ist es, die Ähnlichkeit innerhalb der Cluster zu vergrößern und dadurch auch die Unähnlichkeit zu anderen Clustern (Ricci et al. 2011, S.61).

3.3.1.3.3 Artificial Neural Networks

Bei dieser Variante wird versucht mit Hilfe von Data Mining Techniken einen Zusammenhang zwischen Reiz und Reaktion zu erschließen und dadurch menschliche Entscheidungen zu erklären, sowie bestimmte Reaktionen auf Empfehlungen vorherzusagen (Marchand und Hennig-Thurau 2012, S.103).

3.3.1.3.4 Decision Trees

Hierbei kommen Entscheidungsbäume zum Einsatz, bestehend aus Entscheidungsknoten und Blattknoten (Ricci et al. 2011, S.50). Items werden dann auf Basis ihrer Eigenschaften und mit Hilfe der Baumstruktur klassifiziert (Ricci et al. 2011, S.50).

Link Analysis

Bei dieser Methode werden Netzwerke von verlinkten Objekten im Web erstellt um Muster oder Trends aufzudecken (Isinkaye et al. 2015).

3.3.1.3.5 Latente Variablenmodelle

Eine der populärsten Varianten des Model-Based Collaborative Filtering sind die Latenten Variablenmodelle oder auch dimensionsreduzierende Ansätze (Aggarwal 2016, S.134; Marchand und Hennig-Thureau 2012, S.102). Die bekannteste Methode der latenten Variablenmodelle ist die Matrixfaktorisierung. Bei dieser Methode wird die Bewertungsmatrix zu einer Nutzer- und einer Item-Matrix zerlegt (Ortega et al. 2016). Aus dieser Dekomposition der Bewertungsmatrix werden latente Faktoren über die Nutzer und Items ermittelt, die zur Bewertungsvorhersage herangezogen werden (Ortega et al. 2016). Die herausgefilterten latenten Faktoren werden als ein Vektor der Eigenschaften von Nutzer und Item gesehen (Jannach et al. 2010, S.27). Ähneln die latenten Faktoren der Items denen des Nutzers, dann wird das Item empfohlen (Jannach et al. 2010, S.27). Ziel dieser Methode ist es die nicht vorhandenen Bewertungen der Bewertungsmatrix vorherzusagen, indem man versteckte Muster und Strukturen unter den Bewertungen aufdeckt (Bokde et al. 2015; Isinkaye et al. 2015). In der Praxis werden verschiedene Algorithmen angewendet, diese latenten Faktoren aufzudecken. Die bekannteste und meist genutzten sind die Alternating Least Square Methode (ALS) und Single Value Decomposition (SVD) (Isinkaye et al. 2015).

3.3.1.4 Vor- und Nachteile des Model-Based Collaborative Filtering

Ein großer Vorteil dieses Verfahrens ist die Geschwindigkeit. Da im Vorhinein ein Modell erstellt wird und nicht bei jeder Anwendung alle Daten im System prozessiert werden müssen, ist diese Methode schneller bei der Generierung von Empfehlungen in großen Datensätzen und bringt gleichzeitig eine hohe Speichereffizienz durch das erlernte Modell mit sich (Marchand und Hennig-Thurau 2012, 101 f.). Weitere Vorteile des Model-Based Filtering sind zum einen die Skalierbarkeit bei großen Datenmengen (Bokde et al. 2015), sowie eine reduzierte Problematik der Spärlichkeit der Bewertungsmatrix gegensätzlich zum Memory-Based Verfahren (Bokde et al. 2015; Isinkaye et al. 2015).

Als Nachteile des Model-Based Verfahrens werden Modellerstellung und Informationsverlust in der Literatur diskutiert. Die anfängliche Modellerstellung und Implementierung ist sehr zeitaufwendig und gleichzeitig komplexer als bei anderen Verfahren, außerdem können durch dimensionsreduzierende Techniken Informationen verloren gehen, weswegen auch gleichzeitig die Gefahr einer geringeren Genauigkeit der Empfehlungen besteht (Bokde et al. 2015; Marchand und Hennig-Thurau 2012, S. 102).

3.3.2 Content-Based Filtering

Im Gegensatz zur Collaborative Filtering Methode spielt das Profil anderer Nutzer oder ähnlicher Nutzer bei dieser Methode keine Rolle. Diese Methode generiert Empfehlungen nur durch den Vergleich zweier Datenquellen, den Attributen eines Items, dem Itemprofil und den Bewertungen, die der Nutzer dem Item gegeben hat, dem Nutzerprofil. Das Itemprofil wird auf seine Ähnlichkeit zu den Präferenzen des betrachteten Nutzers in seinem Nutzerprofil geprüft (Ricci et al. 2011, S.75). Das Profil des Nutzers ist eine strukturierte Darstellung der Nutzerinteressen und wird erstellt, indem analysiert wird, wie der Nutzer Items in der Vergangenheit bewertet hat und welche Attribute diese Items beschreiben (Pazzani 1999; Ricci et al. 2011, S.75). Die Erstellung des Nutzerprofils kann mit Hilfe verschiedener Relevanzmaße geschehen. Das Itemprofil selbst, wird von den Attributen der Items abgeleitet.

Ricci et al. (2011, S.75 ff.) und Aggarwal (2016, S.141 f.) fassen den Prozess des Content-Based Filtering gut zusammen, indem sie ihn in drei hauptsächliche Schritte untergliedern:

Content Analyser: Diese Komponente leistet die Vorarbeit und strukturiert die verfügbaren Informationen. Hauptsächlich geht es dabei darum, die Attribute der Items zu analysieren und zu einem geordneten Itemprofil zu strukturieren.

Profile Learner: Der Profile Learner versucht die verfügbaren Nutzerinformationen zu generalisieren und daraus die Präferenzen des Nutzers abzuleiten. Hierbei wird das Nutzerprofil erstellt, das den Geschmack des Nutzers auf Basis der bisher bewerteten Items repräsentiert.

Filter Component: Der Filter Component vergleicht das Profil des Nutzers mit dem des nicht bewerteten Items und prüft deren Ähnlichkeit. Ist die Ähnlichkeit hoch, ist das Item sehr wahrscheinlich von Interesse für den Nutzer.

3.3.2.1 Vor- und Nachteile des Content-Based Filtering

Der wahrscheinlich größte Vorteil des Content-Based Filtering Ansatzes ist die Lösung des Kaltstartproblems für neu hinzukommende Items. Dadurch können hierbei Bewertungsvorhersagen für neue Items, die bisher noch nicht bewertet wurden, problemlos generiert werden (Aggarwal 2016, S.161; Isinkaye et al. 2015). Außerdem kann bei der Anwendung dieses Empfehlungsalgorithmus genauer erläutert werden, wie die Empfehlungen zustande kommen, daher bietet dieser Ansatz eine hohe Transparenz für den Nutzer (Aggarwal 2016, S.161; Isinkaye et al. 2015; Marchand und Hennig-Thurau 2012, S.100). Es werden keine Bewertungen anderer Nutzer betrachtet, einzig und allein das Profil des aktiven Nutzers. Dies dient nicht nur der Privatsphäre der Nutzerprofile, sondern ist auch in dem Sinne vorteilhaft, dass keine Nachbarn zur Generierung der Empfehlungen notwendig sind. Das heißt es ist kein Problem wenn für den betrachteten Nutzer zu wenig ähnliche Nutzer lokalisiert werden können (Isinkaye et al. 2015). Zusätzlich ist diese Methode, im Gegensatz zum Collaborative Filtering unabhängig von den Bewertungen anderer Nutzer und somit direkt einsatzbereit, auch wenn die Zahl der bisherigen Nutzer gering ist (Marchand und Hennig-Thurau 2012, S.100).

Dem Content-Based Filtering gehören dennoch einige Schwächen an. Ein Nachteil ist die sogenannte Limited Content Analysis. Die Tatsache, dass für die Anwendung dieses Empfehlungsalgorithmus zwingend Eigenschaften über die Items bekannt sein müssen (Isinkaye et al. 2015; Marchand und Hennig-Thurau 2012, S.101). Die Funktionsfähigkeit hängt davon ab, ob dem System ausreichend Inhalt über die

Items bekannt ist. Außerdem besteht das Problem der Überspezialisierung (Isinkaye et al. 2015). Im Gegensatz zum Collaborative Filtering können bei dieser Methode keine Zufallsfunde auftreten, das bedeutet, dass dem Nutzer nur Items empfohlen werden, die denen ähnlichen sind, die er in der Vergangenheit bewertet hat. Die Problematik wird deutlich, wenn man beispielsweise einen Nutzer betrachtet, der viele Rezepte mit Fleisch bewertet hat und plötzlich Vegetarier wird. Bei der Content-Based Filtering Methode ist es schwierig eine Geschmacksänderung zu etablieren. Dem Nutzer werden auch in Zukunft weiterhin viele Rezepte mit Fleisch empfohlen (Aggarwal 2016, S.161; Marchand und Hennig-Thurau 2012, S.101). Zusätzlich müssen die Eigenschaften, auf denen diese Methode beruht, manuell erhoben und eingegeben werden, dadurch entsteht ein erhöhter Aufwand (Marchand und Hennig-Thurau 2012, S.101). Wie bei der Collaborative Filtering Methode ist auch hier das Kaltstartproblem für neue Nutzer nicht gelöst. Es müssen zuerst Bewertungen des betrachteten Nutzers gesammelt werden, bevor das System ein Nutzerprofil erstellen kann, das den Geschmack des Nutzers repräsentiert (Aggarwal 2016, S.162).

3.3.3 Demographic Filtering

Das Demographic Filtering ist ein etwas weniger angewandtes Verfahren, sollte aber dennoch im Rahmen der bekannten Empfehlungsalgorithmen erwähnt werden. Bei dieser Methode werden Nutzer anhand ihrer persönlichen Eigenschaften in Kategorien oder Stereotypen klassifiziert (Christensen et al. 2016). Das Profil des Nutzers besteht in diesem Fall aus demografische Eigenschaften, die zu den jeweiligen demografischen Clustern zugeordnet werden können (Christensen et al. 2016). Ziel ist es hier die demografischen Eigenschaften zu nutzen, um ähnliche Typen von Nutzer zu identifizieren, denen die gleichen Items gefallen könnten (Pazzani 1999).

Die aus der Literatur hervorgehenden Limitationen des Demographic Filtering bestehen zum einen in der Schwierigkeit, die nötigen demografischen Informationen einzuholen (Pazzani 1999) und zum anderen liefert diese Methode als alleinstehender Empfehlungsalgorithmus für gewöhnlich nicht die besten Ergebnisse. Er kann aber als Ergänzung mit einem anderen Verfahren hybridisiert werden (Aggarwal 2016, S.19).

3.3.4 Knowledge-Based Filtering

Die bisher vorgestellten Empfehlungsverfahren haben viele Vorteile, dazu zählen jedoch nicht Anwendungsdomänen mit einer sehr hohen Kundenspezifität, wie beispielsweise die Immobilien-, Auto-, oder Finanzbranche (Aggarwal 2016, S.167). Die Besonderheit dieser Domänen liegt darin, dass bei sehr speziellen und eher selten gekauften Items, wie einem Hauskauf, eine hohe und komplexe Zahl möglicher Eigenschaften zur Verfügung steht und Nutzer meist eine spezielle Vorstellung der Kombination dieser Eigenschaften haben. Dies macht es schwierig für den speziellen Kundenwunsch vergleichbare Bewertungen nächster Nachbarn zu finden, so kommt hier das Knowledge-Based Filtering zum Tragen (Aggarwal 2016, S.167). Sowohl Jannach et al. (2010, S.87 ff.) als auch Aggarwal (2016, S.167) unterscheiden hier, ähnlich zum Collaborative Filtering, zwischen zwei speziellen Vorgehensweisen.

- Case-Based
- Constrained-Based

Beide Methoden sind sich in der Art des Empfehlungsprozesses ähnlich, das heißt bei beiden Methoden muss der Nutzer seine Bedürfnisse spezifizieren und das Verfahren sucht eine passende Lösung. Wird keine Lösung gefunden, muss der Nutzer seine Bedürfnisse ändern. Allerdings unterscheiden sie sich in der Weise, wie das vorhandene Wissen verarbeitet wird. Die Case-Based Methode verwendet Ähnlichkeitsmetriken, um ähnliche Items zu den vom Kunden definierten Anforderungen zu identifizieren. Angezeigte Ergebnisse können vom Kunden dann später modifiziert werden. Die Contrained-Based Methode dagegen arbeitet mit speziell definierten Empfehlungsregeln. Diese Regeln werden verwendet, um Kundenanforderungen bestimmten Produkteigenschaften zuzuteilen. Nutzer können auch hier die Einstellungen modifizieren.

Ein großer Vorteil des Knowledge-Based Filtering ist, dass für diese Methode keine Bewertungsdaten nötig sind, um die Empfehlungen zu generieren. Die Empfehlungen werden, unabhängig von den Bewertungen, entweder auf Basis der Ähnlichkeiten zwischen den Nutzer Bedürfnissen und den Items berechnet oder auf Basis expliziter Empfehlungsregeln. Somit ist dieses Verfahren erstmalig sehr effizient bei der Behebung des Kaltstartproblems (Aggarwal 2016, S.195). Dennoch stellt es manchmal eine Herausforderung dar, genügend Input-Daten zur Personalisierung der Empfehlung zur Verfügung zu haben (Aggarwal 2016, S.195). Außerdem ist dieser Empfehlungsalgorithmus für sehr spezifische Domänen anzuwenden und hat damit weniger Potenzial für die Anforderungen an das Empfehlungssystem dieser Arbeit.

3.3.5 Hybride Verfahren

Bei einer Hybriden Methode können verschiedene der bisher vorgestellten Empfehlungsalgorithmen kombiniert werden, um die jeweiligen Defizite oder Limitationen der einzelnen Verfahren zu umgehen oder auszubessern und somit genauere und effizientere Empfehlungen generieren zu können (Adomavicius und Tuzhilin 2005; Isinkaye et al. 2015). Hierfür ergeben sich viele Kombinationsmöglichkeiten, um die Stärken der Verfahren bestmöglich zu nutzen (Aggarwal 2016, S.199). Die populärste Synergie besteht aus dem Collaborative und Content-Based Verfahren (Adomavicius und Tuzhilin 2005). Bei der Anwendung mehrerer Empfehlungsalgorithmen werden von jedem der verwendeten Verfahren Bewertungsvorhersagen generiert, die miteinander zu einer finalen Empfehlung vereint werden müssen. Burke (2007) und Isinkaye et al. (2015) stellen in ihrer Arbeit sieben gängige Techniken vor, wie eine Hybridisierung aus mehreren Verfahren erstellt werden kann:

Weighted Hybrid: Die betrachteten Items werden separat von den einzelnen Empfehlungsalgorithmen bewertet. Als finale Bewertungsvorhersage wird eine linear gewichtete Kombination der separaten Ergebnisse berechnet.

Mixed Hybrid: Die unterschiedlichen Ergebnisse aus den jeweiligen Empfehlungsmethoden werden gemixt und dem Nutzer zusammen angezeigt.

Switching Hybrid: Das System wählt eigenständig einen geeigneten Empfehlungsalgorithmus auf Basis vorgegebener Kriterien aus. Der Vorteil dieser Strategie ist, dass die Stärken und Schwächen der kombinierten Empfehlungsmethoden präzise genutzt werden können. Andererseits bringt diese Methode auch vermehrte Komplexität in den Prozess, da durch das Switching-Kriterium die Zahl der zu determinierenden Parameter erhöht wird.

Feature Combination Hybrid: Diese Technik verwendet nur einen Empfehlungsalgorithmus und reichert diesen mit einer Eigenschaft einer anderen Methode an.

Feature Augmentation Hybrid: Dies ist eine erweiterte Form der Feature Combination. Bei dieser Technik werden Berechnungen mit Hilfe bestimmter Eigenschaften einer Empfehlungsmethode gemacht um diese dann als Input für die eigentliche Empfehlungsmethode zu verwenden.

Cascade Hybrid: Dieses Konzept ähnelt dem vorherigen. Bei dieser Technik wird ein iterativer Verfeinerungsprozess angewandt, um die Präferenzen der Items zu ordnen. Das heißt die Empfehlung die eines der Verfahren generiert wird mit Hilfe des anderen Verfahrens verfeinert.

Meta-Level: Bei dieser Technik wird ein von einem Empfehlungsverfahren erstelltes Modell als Input für ein anderes Empfehlungsverfahren verwendet.

Konkrete Vor- oder Nachteile dieser Methode sind in der Literatur nicht ersichtlich, dennoch gibt es aufschlussreiche Anwendungsbeispiele über die Eignung dieser Methode in der Praxis. Einige Studien der letzten Jahre haben verschiedene hybride Verfahren mit der Performance alleinstehender Empfehlungsalgorithmen verglichen und sind zu sehr positiven Ergebnissen gelangt. Pazzani (1999) haben „Meta-Level" und „Weighted Hybride" Methoden aus Collaborative, Content-Based und Demographic Filtering verglichen und eine signifikante Verbesserung der Genauigkeit beider hybrider Verfahren im Vergleich zu den einzelnen Verfahren festgestellt. Good et al. (1999) fanden in ihrer Studie heraus, dass hybride Verfahren aus Collaborative und Content-Based Filtering bessere Ergebnisse liefern als jeder einzelne Empfehlungsalgorithmus alleinstehend. Auch Melville et al. (2002) haben die Genauigkeit von hybriden Empfehlungsmethoden getestet und eine signifikante Verbesserung des hybriden Verfahrens im Gegensatz zu Collaborative und Content-Based Filtering als Einzelempfehlungsalgorithmus entdeckt.

Im bisherigen Teil dieses Kapitels wurden die bisher populärsten Empfehlungsalgorithmen vorgestellt, die sowohl bei Einzelnutzersystemen als auch bei Gruppensystemen angewandt werden. Die Besonderheit, die bei der Entwicklung von Gruppenempfehlungssystemen hinzukommt, wird nun im weiteren Verlauf des Kapitels näher erläutert.

3.4 Gruppierungsstrategie

Im bisherigen Teil dieses Kapitels wurden die bekanntesten Empfehlungsalgorithmen vorgestellt, da diese nicht nur bei Einzelnutzerempfehlungssysteme zum Einsatz kommen, sondern auch ein zentrales Element bei der Generierung von Gruppenempfehlungen darstellen. Die Besonderheit von Gruppenempfehlungssystemen im Vergleich zu Einzelnutzerempfehlungssystemen liegt allerdings darin, dass Gruppen aus einer Mehrzahl von Personen bestehen, die unterschiedliche Präferenzen mit sich bringen und verschiedene Items unterschiedlich bewertet haben. Die Herausforderung dabei besteht darin, dass diese individuellen, teils konkurrierenden Präferenzen berücksichtigt und aggregiert werden müssen (Jameson und Smyth 2007). Christensen et al. (2016) bestätigen, dass die Dynamik und Diversität in Gruppen es für Empfehlungssysteme erschwert, ein System zu modellieren, welches das Interesse der Gesamtgruppe beschreibt und repräsentiert. Der jeweilige Empfehlungsalgorithmus aus dem vorherigen Kapitel muss also um die Repräsentation der gesamten Gruppe erweitert werden. Diese Erweiterung eines Einzelnutzerempfehlungssystems zu einem Empfehlungssystem für Gruppen erfolgt in zwei Schritten: Zum einen mittels einer Gruppierungsstrategie und zum anderen mit einer Aggregationsmethode. In diesem Teil der Arbeit soll zuerst die Gruppierungsstrategie näher erläutert werden. Im anschließenden Gliederungspunkt werden dann die Aggregationsmethoden vorgestellt.

Gruppierungsstrategien befassen sich allgemein gesagt damit, zu welchem Zeitpunkt die verschiedenen Präferenzen einzelner Gruppenmitglieder zu einer Gesamtgruppe aggregiert werden um eine finale Bewertung zu prognostizieren. Die zwei populärsten und mit Abstand in der Literatur meist verwendeten Gruppierungsstrategien sind die Preference Aggregation zu einem Pseudo-Nutzer und die Rating oder Recommendation Aggregation (Basu Roy et al. 2015; Berkovsky und Freyne 2010; Christensen et al. 2016; Jameson und Smyth 2007). Die beiden Strategien unterscheiden sich in der zeitlichen Komponente der Datenaggregation. Das heißt, bei der Preference Aggregation werden zuerst die Präferenzen der Gruppenmitglieder aggregiert und zu einem Pseudo-Nutzer zusammengefasst. Die Empfehlung wird dann im Anschluss für den Pseudo-Nutzer von einem Empfehlungsalgorithmus generiert. Bei der Recommendation Aggregation werden zuerst die individuellen Empfehlungen für jeden Nutzer generiert und im nächsten Schritt zu einer Gesamtempfehlung für die ganze Gruppe aggregiert (Amer-Yahia et al. 2009; Christensen et al. 2016).

Die Generierung der Empfehlung findet somit je nach Gruppierungsstrategie entweder vor oder nach der Aggregation statt. Wenn zuerst die Präferenzen der Gruppenmitglieder zu einem virtuellen Nutzerprofil aggregiert werden und anschließend vom gewählten Empfehlungsalgorithmus Empfehlungen generiert werden, zählt dies zur Preference Aggregation Gruppierungsstrategie. Wenn Empfehlungen für einzelne Gruppenmitglieder berechnet werden und anschließend diese zu einer Gruppenempfehlung aggregiert werden, zählt dies zur Recommendation Aggregation Strategie. Jameson und Smyth (2007) nehmen hierbei allerdings noch eine detailliertere Unterscheidung vor. Sie unterscheiden zusätzlich zwischen Recommendation Aggregation und Rating Aggregation. Bei der Recommendation Aggregation werden für die einzelnen Gruppenmitglieder vor der Aggregation fertige Empfehlungslisten mit den top Empfehlungen generiert, während bei der Rating Aggregation vor der Aggregation ausschließlich Bewertungsvorhersagen für die einzelnen Gruppenmitglieder generiert und anschließend aggregiert werden und erst nach der Aggregation eine Empfehlungsliste für die Gruppe erstellt wird mit den top Bewertungsvorhersagen.

Beide vorgestellten Strategien sind bezüglich ihrer Vorgehensweise in allen Arbeiten, in denen sie verwendet werden, identisch. Lediglich die Bezeichnung der Verfahren variiert stark, wie in der folgenden Auflistung ersichtlich ist (Tabelle 3-1). Der Terminus von Ortega et al. (2016) grenzt sich besonders von den gängigen Bezeichnungen ab, denn in ihrer Arbeit werden die Gruppierungsstrategien „Before Factorization" und „After Factorization" genannt. Dadurch stellen sie einen detaillierteren Bezug zum verwendeten Empfehlungsalgorithmus, der Matrix Factorization, her.

Recommendation/ Rating Aggregation	Preference Aggregation	Autor
Merging Recommendations	Merging User Profiles	Yu et al. (2006)
Merging of Recommendations for individuals	Construction of Group Preference Models	Jameson und Smyth (2007)
Aggregating Recommendations	Aggregating Preferences	Pessemier et al. (2014)
Score Aggregation	Preference Aggregation	Amer-Yahia et al. (2009)
Aggregated Predictions	Aggregated Models	Berkovsky und Freyne (2010)
After Factorization	Before Factorization	Ortega et al. (2016)

Tabelle 3-1 Betitelungen der populärsten Gruppierungsstrategien

Berkovsky und Freyne (2010) stellen in ihrer Arbeit eine dritte Gruppierungsstrategie vor, die General Strategy, bei der das „Most Popular" Item empfohlen wird, das heißt das am besten bewertete Item. Dabei gibt es keine Aggregation der Präferenzen oder Empfehlung. Eine andere Strategie ist der Group Agent von Yu et al. (2006). Hierbei legt die Gruppe einen gemeinsamen Account für sich an und gibt als Input ihre Präferenzen an, um von dem Agenten ein gemeinsames Nutzerprofil erstellen zu lassen. Die Anwendung dieser beiden Strategien hat sich in der Literatur bisher nicht stark etabliert.

Klare Vor- und Nachteile der beiden bekanntesten Gruppierungsstrategien haben sich bisher nicht herauskristallisiert. Pessemier et al. (2014) haben die beiden Strategien in Anwendung auf unterschiedliche Gruppengrößen und in verschiedenen Kombinationsmöglichkeiten mit Empfehlungsalgorithmen getestet und gezeigt, dass lediglich die Performance der jeweiligen Strategien in bestimmten Kombinationen mit anderen Methoden variiert. Darauf wird im weiteren Verlauf dieses Kapitels näher eingegangen.

3.5 Aggregationsmethode

Im vorangegangen Abschnitt wurde gezeigt, zu welchem Zeitpunkt die Empfehlungen oder Präferenzen der Individuen zu einer Gruppe aggregiert werden können. In diesem Teil werden nun verschiedenen Metriken zur mathematischen Umsetzung der Aggregation vorgestellt und näher erläutert. Laut Jameson und Smyth (2007) zählt die Wahl der Aggregationsmethode zum offensichtlichsten Unterschied zwischen Gruppen- und Einzelnutzerempfehlungssystemen und kann erheblichen Einfluss auf die Qualität der generierten Empfehlungen ausüben (Pessemier et al. 2014). Die gewählte Aggregationsmethode versucht die individuellen Präferenzen möglichst nahe dem realen Entscheidungsprozess in einer Gruppe zu aggregieren (Quijano-Sanchez et al. 2013). Dies ist für die Qualität der Gruppenbewertungsvorhersagen sehr entscheidend, wenn man das Ziel verfolgt, dass die generierten Bewertungsvorhersagen möglichst genau den tatsächlichen Bewertungen einer Gruppe entsprechen sollen.

In der Theorie gibt es eine Vielzahl verschiedenster Aggregationsmöglichkeiten, von denen bisher jedoch nur ein relativ kleiner Teil praktisch von Relevanz ist (Marchand und Hennig-Thurau 2012, S.29). Ein Großteil der Aggregationsmethoden sind während der Literaturrecherche identifiziert und in der nachfolgenden Tabelle zusammengetragen worden. Im Anschluss werden die bisher in der Literatur relevantesten Aggregationsmethoden näher vorgestellt.

Theoretische Grundlagen zu Gruppenempfehlungssystemen

	Marchand und Hennig-Thurau (2012)		Masthoff (2011)	Jameson und Smyth (2007)	Senot et al. (2010)		
	Kardinal	Ordinal	-	-	Majority-Based	Consesus-Based	Border-line
Average	x		x	x		x	
Average Without Misery			x			x	
Weighted Average	x						
Fairness Strategy	x		x	x		x	
Median	x						
Most Pleasure	x		x				x
Least Misery	x		x	x			x
Häufigstes Maximum	x						
Seltenstes Minimum	x						
Einstimmigkeits-regel		x					
Single Vote		x	x		x		
Multiple Vote		x					
Approval Voting		x	x				
Absolute Mehrheit		x					
Hare-Regel		x					
Sukzessive Paarvergleiche		x					

27

Theoretische Grundlagen zu Gruppenempfehlungssystemen

	Marchand und Hennig-Thurau (2012)		Masthoff (2011)	Jameson und Smyth (2007)	Senot et al. (2010)		
	Kardinal	Ordinal	-	-	Majority-Based	Consesus-Based	Border-line
Mehrheit der Paarvergleiche	x						
Spearman Footrule		x					
Borda Regel		x	x		x		
Ausschlussprinzip		x					
Copeland Rule			x		x		
Dictatorship			x				x

Tabelle 3-2 Aggregationsmethoden aus der Literatur im Überblick

Während der Zusammentragung der Aggregationsmethoden ließ sich erkennen, dass diese teilweise unterschiedlich bezeichnet werden und in unterschiedliche Kategorien unterteilt werden, sich aber häufig wiederholen. Die Aggregationsmethoden, die sich am häufigsten in der Literatur wiederholen, sind Average, Average Without Misery, Least Misery und Most Pleasure. Daher werden diese vier populärsten Methoden nun näher erläutert.

Average: Bei der Average Strategie wird das arithmetische Mittel aus den individuellen Präferenzen berechnet um die durchschnittliche Zufriedenheit zu maximieren (Quintarelli et al. 2016).

Average Without Misery: Hierbei wird, ähnlich zur Average Funktion, der Durchschnitt der Bewertungen berechnet, allerdings ohne diejenigen Items, deren Bewertung niedriger als ein bestimmter Schwellenwerten ist (Masthoff 2011; Quintarelli et al. 2016).

Least Misery: Diese Funktion versucht jeden in der Gruppe möglichst glücklich zu machen indem jeweils das Minimum der individuellen Bewertungen herangezogen und davon das Item mit dem höchsten Wert empfohlen wird (Masthoff 2011; Quintarelli et al. 2016).

Most Pleasure: Hier wird gegenteilig zur vorherigen Strategie das Maximum der individuellen Bewertungen jedes Items betrachtet und das Item mit dem höchsten Wert empfohlen (Masthoff 2011; Quintarelli et al. 2016).

Bei den vorgestellten Aggregationsmethoden haben sich bisher keine expliziten Vor- oder Nachteile herausgefiltert. Die Eignung der Aggregationsmethode ist vielmehr von anderen Faktoren abhängig. Jede dieser Aggregationsmethoden verfolgt verschiedene Ziele, welche in Anlehnung an die Anforderungen an das System beachtet werden müssen (totale Zufriedenheit, Fairness, Nachvollziehbarkeit) (Christensen et al. 2016). Pessemier et al. (2014) verweisen auch darauf, dass die Eignung der Aggregationsmethode ebenfalls von der Natur der Gruppe abhängig ist. Beispielsweise kann es bei einem Familienausflug problematisch sein, wenn ein Familienmitglied stark unzufrieden ist. So wäre hier eine Funktion wie die Average Without Misery oder Least Misery geeignet, wohingegen im Kontext von Filmabenden beispielsweise Gruppenmitglieder eher bereit wären eigene Präferenzen zurück zu stellen um die Gesamtgruppe zufrieden zu stellen (Pessemier et al. 2014). Pessemier et al. (2014) haben mit ihrer Arbeit ebenfalls gezeigt, dass die Eignung der Aggregationsmethode von der Wahl der restlichen Designentscheidungen abhängt. Das heißt auch, dass die Kombination aller Designentscheidungen ausschlaggebend ist für die Performance des Gruppenempfehlungssystems. Zusammenfassend kann man festhalten, dass für die Wahl der Aggregationsmethode das verfolgte Ziel, die Natur der Gruppe und die Kombination aller Designentscheidungen sehr entscheidend sind.

Wie bereits erwähnt, kristallisieren sich keine klaren Stärken und Schwächen der Aggregationsmethoden heraus. Baltrunas et al. (2010) schneiden in ihrer Arbeit das Theorem von Arrow aus der Sozialwahltheorie an, welches besagt, dass es nicht nur eine einzige perfekte Aggregationsmethode gibt. Dennoch ergeben sich aufgrund verschiedenster Forschungen und Anwendungsbeispiele klare Tendenzen für die bessere oder schlechtere Eignung der Aggregationsmethoden: Marchand und Hennig-Thurau (2012, S.21 ff.) unterscheiden zwischen ordinaler und kardinaler Präferenzaggregation. Diese Unterscheidung ist zurückzuführen auf die Art der Datenerhebung, das heißt auf welche Art die Nutzerpräferenzen abgefragt werden. Bei der Erhebung ordinaler Präferenzen wird lediglich nach der Präferenzreihenfolge gefragt, wohingegen bei kardinalen Präferenzen die Präferenzintensität mit hinzugezogen wird. Da für den Rahmen dieser Arbeit im Offline Experiment eine Datenerhebung in Form einer Kardinalskala durchgeführt werden soll, sollte der Fokus bei der Wahl der Aggregationsmethode auf kardinale Präferenzaggregation gelegt werden. Ein zusätzlicher, wichtiger Vorteil kardinaler Aggregationsmethoden für Gruppenpräferenzen ist, dass diese Methoden laut Marchand und Hennig-Thurau (2012, S.30) für beliebige Gruppengrößen geeignet ist. Masthoff (2011) hat mit ihrer Arbeit erheblichen Beitrag zur Forschung in diesem Bereich geleistet. Das primäre Ziel ihrer Arbeit war zu verstehen, wie Menschen in Gruppen die Präferenzen gemeinsam aggregieren und dementsprechend welche Aggregationsmethoden in der Praxis am relevantesten sind. Ihre Forschung ergab, dass Average, Average Without Misery und Least Misery bei Gruppenentscheidungen in der Realität tatsächlich angewandt werden und somit am besten die reale Gruppenentscheidungen abbilden. Ihre Arbeit zeigt auch, dass Gruppen in der Realität an einer fairen Entscheidung interessiert sind und versuchen das Leid, oder den Nachteil einzelner zu vermeiden. Aggarwal (2016, S.423) bestätigt in seiner Arbeit ebenfalls, dass wenn lediglich das Ziel besteht, die allgemeine Nützlichkeit der Empfehlung für die Gruppe zu maximieren und den sozial-psychologischen Aspekt nicht mit einzubeziehen, die Average Strategie die effektivste Methode ist. Quijano-Sanchez et al. (2013) haben durch Tests herausgefunden, dass Least Misery eine bessere Alternative für große Gruppen ist und die Average Funktion dagegen die bessere Option für kleinere Gruppen (weniger als 10 Gruppenmitglieder). Pessemier et al. (2014) haben in ihrer Arbeit das Ziel der Gruppeentscheidung, die Natur der Gruppe und die Kombination verschiedener Designentscheidungen genauer getestet. Nachdem sie diverse Kombinationen verschiedener Systeme evaluiert haben, hat sich gezeigt, dass allgemein die besten Aggregationsmethoden in Bezug auf die Genauigkeit Average und Average Without Misery sind. Die erfolgreichsten Kombinationsmöglichkeiten verschiedener Designentscheidungen in Bezug auf die Genauigkeit waren Hybride Systeme mit Recommendation Aggregation und der Average Methode, Content-Based Filtering mit Preference Aggregation und Most Pleasure, Content-Based Filtering mit Recommendation Aggregation und Least Misery, sowie User-Based Collaborative Filtering mit Preference Aggregation und Average without Misery.

Manche Studien ziehen in ihren Arbeiten zusätzlich den sozial-psychologischen Aspekt bei Gruppenentscheidungen mit in Betracht. Aggarwal 2016 (S.423 f.) spricht von den zwei bekannten Phänomenen „Emotional Contagion" und „Conformity" aus der Sozialwahltheorie. Zusammenfassend beschäftigen sich diese Aspekte mit der Tatsache, dass Gruppenmitglieder ihre Entscheidungen gegenseitig auf verschiedenste Weisen beeinflussen können. Beispielsweise können sich Meinungsführer bilden und andere Gruppenmitglieder bei ihrer Entscheidung beeinflussen (Conformity), oder die Zufriedenheit anderer Gruppenmitglieder kann die Entscheidung eines einzelnen Gruppenmitglieds beeinflussen (Emotional Contagion). Die Sozial-Psychologie von Gruppenentscheidungen, die Social Choice Theory, ist ein eigenständiges, sehr weitläufiges Forschungsgebiet, das erst seit kurzem auch in der Literatur zu Gruppenempfehlungssystemen mit einbezogen wird (Christensen et al. 2016).

4 Entwicklung und Umsetzung eines Empfehlungssystems für flüchtige Gruppen

Im folgenden Teil dieser Arbeit wird ein eigenes Empfehlungssystem für flüchtige Gruppen entwickelt. Die Konzeption des Modells wird in drei Teile untergliedert. Zu Beginn werden hierfür die allgemeinen Anforderungen, die an das Gruppenempfehlungssystem gestellt werden, klar definiert. Nachfolgend werden die einzelnen Designentscheidungen, die für das Modell gewählt werden, vorgestellt und dann im Anschluss mathematisch umgesetzt.

4.1 Anforderungen

Bevor Entscheidungen über das Design des Empfehlungssystems getroffen werden können, müssen zuerst die Anforderungen an das solche definiert werden. Jede Designentscheidung bezieht anschließend die zuvor definierten Anforderungen an das System mit ein.

Es wird von dem Empfehlungssystem dieser Arbeit erwartet, dass es Empfehlungen für flüchtige Gruppen generiert. Konkret ist damit gemeint, dass berücksichtigt werden muss, dass die Nutzergruppe in der Konstellation bisher gemeinsam keine Bewertungen abgegeben hat. Außerdem wird erwartet, dass das System die unterschiedlichen Interessen innerhalb der Gruppe berücksichtigt und die Gruppe mit der generierten Empfehlung möglichst zufrieden stellt. Das heißt, die Empfehlungen sollen möglichst genau den tatsächlichen Präferenzen der Gruppenmitglieder und der Gruppe entsprechen. Die Genauigkeit der Empfehlungen steht dabei im direkten Zusammenhang mit der Zufriedenheit der Gruppe. Die Kundenzufriedenheit resultiert laut Aggarwal (2016, S.4) in stärkerer Kundenloyalität und führt somit zu erhöhten Umsatzzahlen. Hiermit wird indirekt auch die allgemeine Anforderung an ein Empfehlungssystem, den Umsatz zu steigern, mit einbezogen. Die Genauigkeit zwischen den generierten Gruppenempfehlungen und den tatsächlichen Präferenzen der Gruppe kann gemessen werden, indem die Empfehlungen des Systems mit den reellen Bewertungen der Gruppe verglichen werden.

Zusätzlich soll das Empfehlungssystem domänenunabhängig, also allgemein anwendbar sein. Das heißt, es soll für alle, im zweiten Kapitel dieser Arbeit vorgestellten Domänen anwendbar sein. Um eine domänenunabhängige Anwendbarkeit zu gewährleisten wird hierfür die Anforderung an das System gestellt, dass es unabhängig von domänenspezifischen Daten konzipiert ist.

4.2 Entwicklung des Modells

Unter Betrachtung der im vorherigen Kapitel analysierten Vor- und Nachteile diverser Methoden, sowie deren Eignung in Bezug auf die vorliegenden Anforderung, wird nun für die Generierung von Empfehlungen für flüchtige Gruppen, ein eigenes Empfehlungssystem entwickelt und vorgestellt. Die Entwicklung des Modells wird, angelehnt an das vorangegange Kapitel, ebenfalls untergliedert in die drei Designentscheidungen: Empfehlungsalgorithmus, Gruppierungsstrategie und Aggregationmethode.

4.2.1 Wahl des Empfehlungsalgorithmus

Zur Generierung der Einzelempfehlungen in einer Gruppe wird für das vorliegende Modell ein Weighted Hybrides Verfahren verwendet, das sich zum einen aus Content-Based Filtering und zum anderen aus Item-Based Collaborative Filtering zusammensetzt. Das Hybride Verfahren wird gewählt, da aus dem vorangegangenen Kapitel hervorgeht, dass eine Synergie von Empfehlungsalgorithmen dazu beiträgt, die Vorteile verschiedener Methoden in Kombination zu nutzen und bestimmte Nachteile dadurch zu umgehen. Aggarwal (2016, S.161) bestätigt, dass die gewählten Verfahren sich besonders gut komplementieren. Pazzani (1999) unterstreicht dies mit seiner Arbeit, in der er Meta-Level und Weighted-Hybride Methoden aus Content-Based, Collaborative und Demographic Filtering vergleicht und eine signifikante Verbesserung der Genauigkeit beider hybrider Verfahren im Vergleich zu den einzelnen Verfahren festgestellt hat. Auch Good et al. (1999) fanden in ihrer Studie heraus, dass ein Hybrides Verfahren aus Collaborative und Content-Based Filtering bessere Ergebnisse liefert als jeder Empfehlungsalgorithmus einzeln. Zudem ergaben die Untersuchungen von Pessemier et al. (2014), dass Hybride Verfahren sehr genaue Empfehlungen für diverse Gruppengrößen generieren.

Des Weiteren entsteht durch die Anwendung des Content-Based Filtering der Vorteil, dass dieses System auch bei neu hinzukommenden Items anwendbar ist, obwohl für diese Items noch keine Nutzerbewertungen vorhanden sind. Dies macht das System attraktiver für alle Zieldomänen, denn es ist, unabhängig von den Bewertungen anderer Nutzer, unmittelbar einsetzbar. Ein Nachteil des Content-Based Filtering ist die Limited Content Analysis, also die Notwendigkeit inhaltlicher Informationen über die Items für eine erfolgreiche Anwendung. Diese werden allerdings für die erfolgreiche Anwendung des Item-Based Collaborative Filtering nicht benötigt, somit ergänzen sich die beiden Verfahren in hybrider Anwendung sehr gut. Das vorliegende System ist sowohl für Domänen anwendbar, in denen

Nutzerbewertungen spärlich sind, als auch in Domänen in denen die zur Verfügung stehenden Eigenschaften über die Items spärlich sind, verwendet aber keine domänenspezifischen Daten. Auch das Problem der Überspezialisierung bei reinen Content-Based Verfahren wird in hybrider Anwendung mit Item-Based Filtering in diesem System relativiert. Das vorliegende System ist in der Lage Zufallsfunde mit einzubeziehen und somit die Diversität der Empfehlungen zu erhöhen. Diese Kombination beider Verfahren soll durch die Nutzung der verschiedenen Vorteile auch der Anforderung gerecht werden, dass das System möglichst genaue Empfehlungen für die Gruppenmitglieder generiert und sie damit möglichst zufrieden stellt.

Ausschließlich das New User Kaltstartproblem würde auch bei dieser Hybriden Methode weiterhin bestehen. Hierfür wird das System um eine Zusatzfunktion erweitert, die das Kaltstartproblem behebt. Die genaue Funktionsweise dieser Komponente wird während der mathematischen Umsetzung (s. u. Kapitel 4.3.1) erläutert.

4.2.2 Wahl der Gruppierungsstrategie

Die Gruppierungsstrategien Recommendation Aggregation und Preference Aggregation haben sich in der Literatur und Forschung als die mit Abstand populärsten und meist verwendeten Methoden herauskristallisiert, wie aus dem vorangegangen Kapitel hervorgeht. Die Mehrheit der bis heute entwickelten Empfehlungssysteme und vor allem die in der Literatur bekanntesten Empfehlungssysteme greifen auf eins der beiden Verfahren zurück. Es lassen sich jedoch keine konkreten Vor- und Nachteile der einzelnen Verfahren erkennen, somit wird unabhängig von der Literatur für dieses System die Rating Aggregation als Gruppierungsstrategie gewählt. Das heißt, das Hybride System berechnet zuerst die Vorhersagen für die fehlenden Bewertungen und aggregiert die Bewertungen der Gruppenmitglieder anschließend mit der gewählten Aggregationsmethode.

4.2.3 Wahl der Aggregationsmethode

Indem die Funktionen des vorliegenden Systems so präzise wie möglich an reellen Gruppenentscheidungen orientiert werden, soll das System eine möglichst hohe Genauigkeit der Gruppenempfehlungen garantieren. Die Arbeit von Masthoff (2011) hat gezeigt, dass in der Realität bei Gruppenentscheidungen vor allem die Aggregationsmethoden Average, Average Without Misery und Least Misery zum Einsatz kommen.

Klare Vor- und Nachteile der einzelnen Methoden konnten auch hier nicht identifiziert werden. Wichtig ist, dass die gewählten Methoden mit der Natur der Gruppe, mit dem Ziel der Aggregation und mit den anderen Designentscheidungen kompatibel sind. Die Natur der Gruppe ist bei flüchtigen Gruppen stark variierend und nicht beständig. Die gewählte Aggregationsmethode muss für jede Gruppe kompatibel sein. Außerdem soll vermieden werden, dass ein Gruppenmitglied besonders unzufrieden ist, um zu umgehen, dass die Unzufriedenheit eines einzelnen sich auf die gesamte Gruppenstimmung auswirkt. Gleichzeitig soll die maximale Zufriedenheit der Gruppe als Anforderung weiterhin im Fokus stehen. Mit der Aggregationsmethode Average wird eine möglichst hohe Durchschnittszufriedenheit verfolgt, während mit der Methode Least Misery versucht wird jeden möglichst glücklich zu machen und den Fall, dass Mitglieder besonders unglücklich sind, zu eliminieren. Folglich wird für das eigene Gruppenempfehlungssystem eine Kombination beider Aggregationsmethoden gewählt. Es wird eine abgewandelte Form der Average Without Misery Methode angewandt. Vergangene Arbeiten haben gezeigt, dass beide Methoden mit verschiedensten Gruppenarten und anderen Designentscheidungen kompatibel sind, außerdem wird mit der Aggregationsmethode das Ziel verfolgt die Gruppe möglichst zufrieden zu stellen, damit bezieht die Methode auch die Anforderung an eine zufrieden Gruppe mit ein.

Das entwickelte Empfehlungssystem soll nun mathematisch umgesetzt werden um einen detaillierten Einblick in die konkrete Funktionsweise der einzelnen Komponenten zu ermöglichen, um das System im Anschluss implementieren und evaluieren zu können.

4.3 Umsetzung des Modells

Zur mathematischen Umsetzung des entwickelten Gruppenempfehlungssystems wird zuerst die generelle Notation definiert und anschließend die Umsetzung der einzelnen Komponenten des Modells nacheinander vorgestellt.

Bezeichnung	Symbole
Menge der Nutzer	$U = \{u_1, \ldots, u_n\}$
Menge der Items	$I = \{it_1, \ldots, it_m\}$
Bewertungsmatrix	$R = (r_{ij})$ mit $i = 1, \ldots, n$ und $j = 1, \ldots, m$
Bewertungsvektor des Nutzers	$u_i: r(u_i) = (r_{i1}, \ldots, r_{im})$
Menge der Gruppen	$G = \{g_1, \ldots, g_s\}$ mit $g_k \subseteq U$ für alle $k = 1, \ldots, s$
Gruppenbewertungsmatrix	$M = (m_{kj})$ mit $k = 1, \ldots, s$ und $j = 1, \ldots, m$
Fehlende Bewertungen werden gekennzeichnet durch	$r_{ij} = NULL$ oder $m_{kj} = NULL$
Menge der Nutzer, die ein Item it_j bewertet haben	$U(j) = \{u_i \in U | r_{ij} \neq NULL\}$
Menge der Items, die ein Nutzer u_i bewertet hat	$I(i) = \{it_j \in I | r_{ij} \neq NULL\}$
Menge der Attribute	$A = \{a_1, \ldots, a_t\} = \{a_l | l = 1, \ldots, t\}$
Binäres Itemprofil zu Item it_j	$P(j) = (p_{j1}, \ldots, p_{jt})$ mit $p_{jl} \in \{1; 0\}$ für alle $l = 1, \ldots, t$
Gewichtetes Itemprofil eines von einem Nutzer u_i bewerteten Items $i_j \in I(u_i)$	$P(i,j)_{gew} = (p_{ijl})$ mit $p_{ijl} = p_{jl} * r_{ij}$
Nutzerprofil V_{u_1}	$V_{u_1} = (tf_{gewa_1}, tf_{gewa_2}, \ldots, tf_{gewa_n})$

Tabelle 4-1 Notation zur mathematischen Umsetzung des Modells

Für eine Gruppe g_k soll eine Empfehlung für ein noch nicht bewertetes Item it_j generiert werden. Hierfür werden, falls nötig, zuerst die Einzelnutzerbewertungen mittels des hybriden Empfehlungsverfahrens generiert. Wenn von allen Gruppenmitgliedern eine Einzelbewertung für Item it_j vorhanden ist, ist es nicht mehr notwendig die Einzelbewertungen aufzufüllen und es kann direkt eine Gruppenbewertung generiert werden (s. u. ab Kapitel 4.3.3). Dem Gruppensystem wird zusätzlich eine Sonderfunktion implementiert, mit welcher das Kaltstartproblem gelöst wird. Bevor die Berechnung der Einzelnutzerbewertungen beginnt, durchläuft das System zuerst den folgendbeschriebenen New User Fall.

4.3.1 New User Fall

Identifiziert das System in einer Gruppe einen neuen Nutzer, müssen vor der Berechnung der Bewertungsvorhersagen zuerst Pseudo-Werte für die Bewertungshistorie des neuen Nutzers ermittelt werden. Ein „neuer" Benutzer ist ein Benutzer $u_i \in U$ mit einem Rating $r_{ij} = NULL$ für alle $j = 1, \dots, m$. Und es wird versucht, r_{ij} für alle $j = 1, \dots, m$ mit einem Wert zu versehen. Hierbei wird pro Item zwischen zwei Fällen entschieden:

1. Fall: Der neue Benutzer hat keine historischen Bewertungen und war bisher noch nie Teil einer Gruppe, die eine Bewertung für das jeweilige Item abgegeben hat, das heißt sowohl $r_{ij} = NULL$ als auch $m_{kj} = NULL$ für alle $k = 1, \dots, s$ mit $u_i \in g_k$. In diesem Fall wird für jedes Item it_j die Durchschnittsbewertung des jeweiligen Items als Pseudo-Bewetung herangezogen. Die Durchschnittsbewertung setzt sich aus allen Nutzern, die das Item it_j bisher bewertet haben zusammen.

$$r_{ij} = \frac{\sum_{u_i \in U(j)} r_{ij}}{\#U(j)}$$

2. Fall: Der neue Nutzer hat keine historischen Bewertungen, war aber in der Vergangenheit Teil einer Gruppe, die das Item bereits bewertet haben, das heißt $r_{ij} = NULL$ und $m_{kj} \neq NULL$

In diesem Fall wird als Pseudo-Bewertung für den Nutzer der Durchschnitt aus den einzelnen Gruppenbewertungen zu Item it_j in der Nutzer u_i Mitglied war herangezogen

$$r_{ij} = \frac{\sum_{g_k \in G(i,j)} m_{kj}}{\#G(i,j)}$$

Dies setzt nicht vorraus, dass eine Bewertungshistorie der betrachteten Gruppe in der Konstellation vorhanden sein muss. Die New User Komponente sucht lediglich nach beliebigen Bewertungen von Gruppe für das Item, in der der neue Nutzer in der Vergangenheit Mitglied war. Somit ist die Anforderung, dass das System für flüchtige Gruppen, die in der Vergangenheit gemeinsam keine Bewertung abgegeben haben, anwendbar ist, weiterhin erfüllt.

Die ermittelten Pseudo-Bewertungen werden nun als Teil der Bewertungsmatrix für die weiteren Schritte des Systems prozessiert.

4.3.2 Vorhersage der Ratings mit hybridem Empfehlungsverfahren

Um eine Gruppenempfehlung generieren zu können, werden zuerst die Einzelnutzerbewertungen in Form einer hybriden Methode aus Content-Based und Item-Based Collaborative Filtering berechnet und anschließen zu einer Gruppenempfehlung aggregiert. Für die Vorhersage der Einzelnutzerbewertungen sei die Bewertungsmatrix $R = (r_{ij})$ mit $i = 1, ..., n$ und $j = 1, ..., m$ gegeben.

Da als Gruppierungsstrategie die Rating Aggregation gewählt wurde, werden nun im ersten Schritt von beiden genannten Verfahren die Bewertungen der Gruppenmitglieder für das jeweilige unbewertete Item berechnet. Zur mathematischen Umsetzung wurden vereinzelt Formeln von Aggarwal (2016, S.35 ff.) herangezogen.

4.3.2.1 Content-Based Filtering

Bei der Durchführung des Content-Based Filtering müssen die Nutzerprofile auf Basis der gegebenen Itemprofile generiert werden. Jedes Item wird durch ein Itemprofil dargestellt, welches die für das Item charakteristischen Attribute a_l aus der Menge der Attribute A enthält. Das binäre Itemprofil zu Item it_j: $P(j) = (p_{j1}, ..., p_{jt})$ mit $p_{jl} \in \{1; 0\}$ für alle $l = 1, ..., t$ sei gegeben.

	a_1	a_2	a_3	a_4	a_5	a_t	Bewertung
Item A	1	0	0	1	1	1	5
Item B	1	0	0	0	1	1	3
Item C	0	0	1	0	0	0	4

Tabelle 4-2 Beispielhafte Darstellung eines ungewichteten Itemprofils

Für die Erstellung des Nutzerprofils wird nur die Menge aller Itemprofile, die ein Nutzer u_i bewertet hat: $\{P(j) | it_j \in I(u_i)\}$ betrachtet. Berechnet werden soll, welche Attribute für einen Nutzer besonders relevant sind, um so auf seine Präferenzen rückzuschließen. Als Relevanzmaß wird für das System die gewichtete Termfrequenz herangezogen. Die normale Termfrequenz analysiert die Relevanz der Attribute, indem geschaut wird, wie oft ein Attribut unter den bewerteten Items wahr ist. Die gewichtete Termfrequenz bezieht bei der Berechnung noch die Bewertung des Nutzers für das Item mit ein. Zu diesem Zweck müssen die Itemprofile, die ein Nutzer bewertet hat, mit den jeweiligen Bewertungen, die der Nutzer dem Item gegeben hat, gewichtet werden, also $p_{ijl} = p_{jl} * r_{ij}$

	a_1	a_2	a_3	a_4	a_5	a_t	Bewertung
Item A	5	0	0	5	5	5	5
Item B	3	0	0	0	3	3	3
Item C	0	0	4	0	0	0	4

Tabelle 4-3 Beispielhafte Darstellung eines gewichteten Itemprofils

$$tf_{gew}(a_l, u_i) = \frac{Summe\ der\ Bewertungen\ von\ Atribut\ a_l}{Summe\ der\ Bewertungen\ aller\ bewerteten\ Kategorien}$$

Das Nutzerprofil für Nutzer u_i ist dann ein neuer Vektor, aus den gewichteten Termfrequenzen für alle Itemattribute, der die Relevanz der jeweiligen Attribute für den Nutzer wiederspiegelt.

$$V_{u_i} = (t_{gew}(a_1, u_i), tf_{gew}(a_2, u_i), \ldots, tf_{gew}(a_t, u_i))$$

Für jedes Item, das der Nutzer nicht bewertet hat, kann nun mit Hilfe des Cosine Ähnlichkeitsmaßes die Ähnlichkeit zwischen dem Vektor des Nutzerprofils V_{u_i} und dem Vektor des nicht bewerteten Items $P(j)$ berechent werden.

$$CosSim\left(V_{u_i}, P(j)\right) = \frac{\sum p_{jl} tf_{gew}(a_l, u_i)}{\sqrt{\sum p_{jl}^2} \sqrt{\sum tf_{gew}(a_l, u_i)^2}}$$

Da durch die Verwendung des Cosine Ähnlichkeitsmaßes ein Ähnlichkeitswert berechnet wird, jedoch keine konkrete Bewertung, muss das Ähnlichkeitsmaß noch transformiert werden. Die Bewertungsskala reicht von 1 bis 5. Um das Ählichkeitsmaß linear in eine Bewertung zu transformieren, kann der Wert mit der folgenden Formel umgerechnet werden:

$$\hat{r}_{cbf}(u_i, i_j) = CosSim\left(V_{u_i}, P(j)\right) * 4 + 1$$

Die Bewertungsvorhersage $\hat{r}_{cbf}$ für den Nutzer u_i und das Item it_j wurde nun durch das Content-Based Filtering ermittelt. Nun muss die Bewertungsvorhersage des Item-Based Collaborative Filtering berechnet werden, um beide Ergebnisse zu einem hybriden Ergebnis zu vereinen.

4.3.2.2 Item-Based Collaborative Filtering

Das Item-Based Collaborative Filtering versucht die „ähnlichsten Nachbarn" für das Item zu finden, welches der Nutzer nicht bewertet hat, um aus den Bewertungen des Nutzers für ähnliche Items Rückschlüsse ziehen zu können. Hierfür muss die Menge der Items, die der Nutzer bewertet hat, herangezogen werden $I(i) = \{it_j \in I | r_{ij} \neq NULL\}$.

Weiter wird zwischen dem Item it_h, das der Nutzer nicht bewertet hat und den Items der Mege $I(i)$ die Ählichkeit berechnet. Für die Berechnung wird der Pearson Korrelationskoffizient verwendet.

Zuerst muss für jedes Item it_j die Durchschnittsbewertung berechnet werden:

$$\bar{r}_j = \frac{\sum_{u_i \in U(j)} r_{ij}}{\#U(j)}$$

Für eine fehlende Bewertung $r_{ij} = NULL$ in der Bewertungsmatrix wird $r_{ij} = NULL$ mit $\bar{r}_j$ für eine Normalisierung der Bewertungsvektoren ersetzt.

Anschließend wird nur die Menge an Items $I(i)$ die der besagte Nutzer bewertet hat betrachtet und die top zwei ähnlichsten Items zu Item it_h mittels des Cosine Ähnlichkeitsmaßes berechnet:

$$sim_{Pearson}(it_j, it_h) = \frac{\sum (r_{ih} - \bar{r}_h)(r_{ij} - \bar{r}_j)}{\sqrt{\sum (r_{ih} - \bar{r}_h)^2 \sum (r_{ij} - \bar{r}_j)^2}}$$

In der Formel wird zuerst der Bewertungsvektor normalisiert, indem die Durchschnittswerte $\bar{r}_j$ jedes Items von den einzelnen Bewertungen im Bewertungsvektor jedes Items substrahiert werden. Anschließend werden die Kompenten simultan der Cosine Formel multipliziert.

Es müssen nun die top zwei ähnlichsten Items ($sim_{Pearson} = \max$) identifiziert werden, um deren Bewertungen zu einer Bewertungsvorhersage zu aggregieren. Bevor die Bewertungen der beiden ähnlichsten Items aggregiert werden können, ist eine Vorab-Transformation der Werte sinnvoll, um sicher zu gehen, dass bei der anschließenden Aggregation keine Null im Nenner steht und eine Aggregation möglich ist. Für die Vorab-Transformation werden die Pearson Ähnlichkeitswerte der Items mit Hilfe folgender Formel umgerechnet:

$$sim_{Transformiert}(it_j, it_h) = \frac{sim_{Pearson}(it_j, it_h) + 1}{2}$$

Zuletzt werden die Bewertungen, die der betrachtete Nutzer den beiden ähnlichsten Items gegeben hat und die tranformierten Ähnlichkeitswerte in die folgenden Formel eingesetzt, um einen gewichteten Mittelwert der beiden Bewertungen zu bilden

$$\hat{r}_{cf} = \frac{\sum sim_{Transformiert}(it_j, it_h) \, r_{ij}}{\sum sim_{Transformiert}(it_j, it_h)}$$

4.3.2.3 Hybridisierung

Es wurden mit beiden Verfahren, dem Content-Based Filtering und dem Item-Based Collaborative Filtering die Bewertungsvorhersagen $\hat{r}_{cbf}$ und $\hat{r}_{ucf}$ berechnet, welche nun zu einer Bewertung zusammengefasst werden. Hierfür werden die Werte in die nachkommende Formel eingesetzt, wobei a=0,5 ist.

$$\hat{R} = a \, \hat{r}_{cbf} + a \, \hat{r}_{cf}$$

4.3.3 Aggregation der Einzelnutzerbewertungen zu einer Gruppenbewertung mit einer Sonderform des Average Without Misery

Es wird angenommen, dass für jeden Nutzer u_i die vorhergesagte Bewertung r zu Item i_j berechnet werden konnte. Nun müssen die Einzelnutzerbewertungen zu einer Gruppenbewertung m_k aggregiert werden. Dies geschieht mit Hilfe einer etwas abgewandelten Form der Average Without Misery Strategie. Zu diesem Zweck werden ausschließlich die Einzelbewertungen der Mitglieder der jeweiligen betrachteten Gruppe herangezogen. Es wird für jedes Item i_j spaltenweise sowohl der Average, als auch der Least Misery über alle Gruppenmitglieder berechnet (Beispielhafte Darstellung s. u. in Tabelle 4-4). Für die Berechnung werden die folgenden Formeln nach Masthoff (2011) verwendet:

$$\text{Average } r_{avg} = \frac{1}{\#g_k} \sum r_i$$

$$\text{Least Misery } r_{LM} = \min(r_i)$$

Wie bereits in dem Kapitel „4.2 Entwicklung des Modells" erwähnt wurde, soll mit der Kombination aus der Average und Least Misery Aggregation gewährleistet werden, dass kein Gruppenmitglied über eine Empfehlung besonders unglücklich ist und die Durchschnittszufriedenheit der Gruppe maximiert wird. Dementsprechend wird die finale Empfehlungsvorhersage für ein Item und eine Gruppe wie folgt vergeben: Wenn der berechnete Least Misery Wert der Gruppe für das betrachtete Item kleiner als ein vorher bestimmter Schwellenwert < z ist, wird der Least Misery Wert als Bewertungsvorhersage herangezogen. Ist dies nicht der Fall, wird der Average Wert als Bewertungsvorhersage verwendet. Somit ist sichergestellt, dass kein Item empfohlen wird oder die höchste Bewertungsvorhersage erhält, das einen Nutzer stark unzufrieden mit der Empfehlung macht. Wenn aus einer Menge an Items ein Item empfohlen werden soll, wird dasjenige mit der höchsten Bewertungsvorhersage empfohlen.

Least Misery < z : Bewertungsvorhersage entspricht dem Least Misery Wert

Least Misery ≥ z : Bewertungsvorhersage entspricht dem Average Wert

	Item A	Item B	Item C	Item D	Item E
Nutzer 1	3	4	2	1	3
Nutzer 2	2	4	5	2	5
Nutzer 3	2	3	5	4	4
Average	2,3	3,6	4	2,3	4
Least Misery	2	3	2	1	3
Bewertungsvorhersage Bsp. Schwellenwert < 3	2	3,6	2	1	4

Tabelle 4-4 Beispielhafte Darstellung des Aggregationsvorgehens

5 Implementierung der entwickelten Methode

Im Folgenden wird das entwickelte Modell in einem Programm implementiert, um im Anschluss eine Evaluierung des Gruppenempfehlungssystems durchführen zu können. Für die Implementierung wird überwiegend die Open-Source Plattform KNIME (Konstanz Information Miner) gewählt. Vereinzelt werden Teile des Modells auch in Excel umgesetzt. Im Anschluss wird nun zuerst das Programm KNIME kurz vorgestellt und weiter der Implementierungsprozess näher erläutert.

5.1 Programmeinführung KNIME

KNIME ist ein Programm, das 2004 zur Datenanalyse entwickelt wurde und mit Java geschrieben wurde. Das Programm stellt Nutzern eine Vielzahl verschiedener Funktionalitäten zur Verfügung und legt hierbei großen Wert auf Robustheit, hohe Skalierbarkeit und Modularität (Berthold et al. 2008). Konkret können in KNIME Workflows mit Hilfe der diversen zur Verfügung stehenden „Nodes" (dt. Knoten) erstellt werden. Hinter jedem dieser Nodes steht ein vorprogrammierter Algorithmus, der mit anderen Nodes verbunden werden kann. Zusätzlich können auch eigene Nodes entwickelt und eingebaut werden.

5.2 Implementierung des Gruppenempfehlungssystems

Die Implementierung wird analog zur vorherigen Modellumsetzung in mehrere Einzelkomponenten untergliedert. Aufgrund seiner Komplexität wird das Hybride Verfahren aus Content-Based und Collaborative Filtering in einem KNIME Workflow implementiert. Nach Durchlauf der KNIME Workflows sollen diese jeweils Bewertungsvorhersagen für den betrachteten Nutzer ausgeben. Für die New User Komponente, die Hybridisierung der Bewertungsvorhersagen aus KNIME und die Aggregation der Einzelnutzerempfehlungen zu einer Gruppenbewertung, erfolgt die Implementierung in Excel.

5.2.1 Implementierung New User Case in Excel

Tritt ein neuer Nutzer in einer Gruppe auf, sieht das System vor Pseudo-Werte für den Nutzer zu generieren. Die fehlenden Bewertungen werden entweder, soweit vorhanden, mit der Itembewertung einer Gruppe, in der der Nutzer Mitglied war, aufgefüllt oder sonst mit der Durchschnittsbewertung des Items.

Hierfür wird in der Excel-Datei „*Implementierung der New User Komponente.xlsx*" im Tabellenblatt „*Berechnung*" in Zeile 31 die Formel *=SUMME(B2:B29)/28* für alle

Spalten B bis P eingefügt. Die Formel berechnet aus der Einzelnutzerbewertungsmatrix die Durchschnittsbewertung der Items. Um die anfängliche Durchschnittsbewertung für die folgenden Berechnungen zu fixieren, werden die Werte kopiert und in Zeile 33 eingefügt. Mittels einer Wenn-Dann Formel, werden die fehlenden Bewertungen des neuen Nutzers nun entsprechend aufgefüllt. Die Formel =WENN(B40="";B33;B40) sucht, ob eine Gruppenbewertung zu dem Item existiert, wenn nicht, wird die Durchschnittsbewertung eintragen. Die Formel muss für jeden weiteren neuen Nutzer auf seine Gruppe angepasst werden.

5.2.2 Implementierung Content-Based Filtering in einem KNIME Workflow

Zu Beginn des Workflows werden zwei „Table Reader" zum Einlesen der Daten benötigt. Einer für die Itemprofile i_j und einer für die Bewertungen r_{ij} des Nutzers u_j. Ein „Row Filter" ist dafür zuständig die Bewertungen des betrachteten Nutzers aus dem gesamten Datensatz zu filtern. Im „Reference Row Splitter" kommen die Itemprofile und die gefilterten Bewertungen des Nutzers zusammen. Dort werden die relevanten Itemprofile gemeinsam mit den Nutzerbewertungen dargestellt. Die Itemprofile sollen mit den Bewertungen des Nutzers gewichtet werden, wie in der mathematischen Modellumsetzung näher beschrieben wurde. Hierfür wird ein „Gewichtungsknoten" eingebaut, der zum einen den „Row Filter", wie auch den „Reference Row Splitter" als Input hat. Anschließen wird ein neuentwickelter Knoten „Profil des Nutzers x bestimmen" angewendet, um das Nutzerprofil des betrachteten Nutzers mit Hilfe der Termfrequenz zu berechnen. Ziel des Content-Based Filtering ist es, auf Basis des berechneten Nutzerprofils die Ähnlichkeiten zwischen dem Nutzer und dem nicht bewerteten Item zu berechnen. Hierfür laufen der „Reference Row Splitter" und der Knoten „Profil des Nutzers x bestimmen" zusammen in einen „Similarity Search Knoten", der die Ähnlichkeit des Items und des Nutzerprofils mit dem Cosine Maß berechnet.

Die Ähnlichkeit muss nun noch in eine Bewertung umgerechnet werden, dafür filtert ein „Column Filter" die relevanten Spalten heraus, die dann in einem „Math Formula Knoten" zu einer Bewertung transformiert werden. Der ganzheitliche Workflow kann in der folgenden Abbildung 5-1 betrachtet werden und in der Datei „Workflow CBF" nachvollzogen werden.

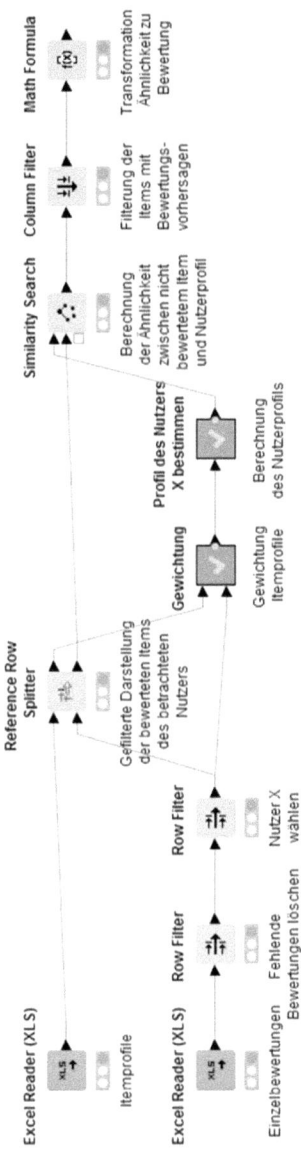

Abbildung 5-1 Screenshot des Content-Based Filtering Workflows in KNIME

5.2.3 Implementierung Collaborative Filtering in einem KNIME Workflow

Der Workflow wird auf eine bestehende und bereits implementierte Version des User-Based Collaborative Filtering gestützt, daher werden im Folgenden einzelne Schritte auf das Item-Based Verfahren umgewandelt und angepasst. Der Workflow des Collaborative Filtering beginnt erneut mit einem „*Table Reader*", der für das Einlesen der Daten zuständig ist. Für das Modell dieser Arbeit wurde im Rahmen der Collaborative Filtering Komponente der Pearson Korrelationskoeffizient als Ähnlichkeitsmaß gewählt. Hierfür müssen die Bewertungen vorab normalisiert werden. Für die Umsetzung der Normalisierung in KNIME durchlaufen die Daten zuerst einen „*Transpose Knoten*", der in der Matrix die Zeilen und Spalten miteinander tauscht. Anschließend werden nun in dem Knoten „*Missing Value (Row Mean) & Normalize*" die fehlenden Bewertungen mit der Durchschnittsbewertung der Items ersetzt und alle Bewertungen durch komponentenweise Subtraktion des Mittelwertes normalisiert. Aus der normalisierten Bewertungsmatrix wird die Zeile des betrachteten Items, für das eine Bewertung generiert werden soll, mittels des „*Row Splitter*" herausgefiltert.

Im nächsten Schritt kommt der Knoten „*Items der Menge I(i) identifizieren*" zum Einsatz. Dieser identifiziert den relevanten Nutzer und die Menge an Items aus der Bewertungsmatrix. Ziel des Item-Based Filtering ist es, die Ähnlichkeit zwischen den Bewertungen, die der Nutzer den anderen Items gegeben hat und den Bewertungen des gegebenen Items aus dem Knoten „*Column Filter*", zu berechnen. Hierfür werden die beiden Knoten „*Row Splitter*" und „*Nutzer der Menge G identifizieren*" in einem „*Similarity Search Knoten*" vereint, der vorerst die Distanz der Vektoren mittels des Cosine Maßes berechnet. Der „*Joiner*" stellt anschließend den Distanzwert der zwei nächsten Items zusammen mit den Bewertungen der Items dar. Zuletzt muss der Distanzwert mit Hilfe eines „*Math Formula Knoten*" in einen Ähnlichkeitswert umgerechnet werden. Ein weiterer Knoten vollzieht eine Vorab-Transformation der Werte, um sicher zu gehen, dass bei der anschließenden Gewichtung des Mittelwertes keine Null im Nenner steht und eine Aggregation möglich ist. Folglich kann der Knoten „*Gewichteter Mittelwert*" eine Aggregation der beiden top ähnlichsten Bewertungen durchführen. Da der Output dieses Knotens noch normalisiert ist, muss hier der zuvor subtrahierte Durchschnittswert des Items im finalen Knoten „*Math Formula*" wieder addiert werden. Eine ausgelagerte Funktion im Workflow, sorgt dafür, dass der finale Output wieder „entnormalisiert" wird. In dem externalisierten Workflow werden der zu betrachtende Nutzer und das relevante Item in einem „*Table Creator*" konfiguriert und mittels eines „*Table Row to*

Variable Knoten" als Variable an die jeweiligen Knoten weitergegeben. Ein weiterer „*Row Splitter*" filtert aus dem Workflow die Durchschnittsbewertungen der Items und gibt sie über einen „*Table Row to Variable Knoten*" an den finalen Knoten des Workflows. Dieser addiert auf den gewichteten Mittelwert der top zwei ähnlichsten Items die Durchschnittsbewertung des betrachteten Items und gibt somit die finale Bewertung des Collaborative Filtering für das Item und den Nutzer aus. In der folgenden Abbildung 5-2 ist der fertige Workflow abgebildet und in der Datei „*Workflow CF*" ist dieser nachzuvollziehen.

Implementierung der entwickelten Methode

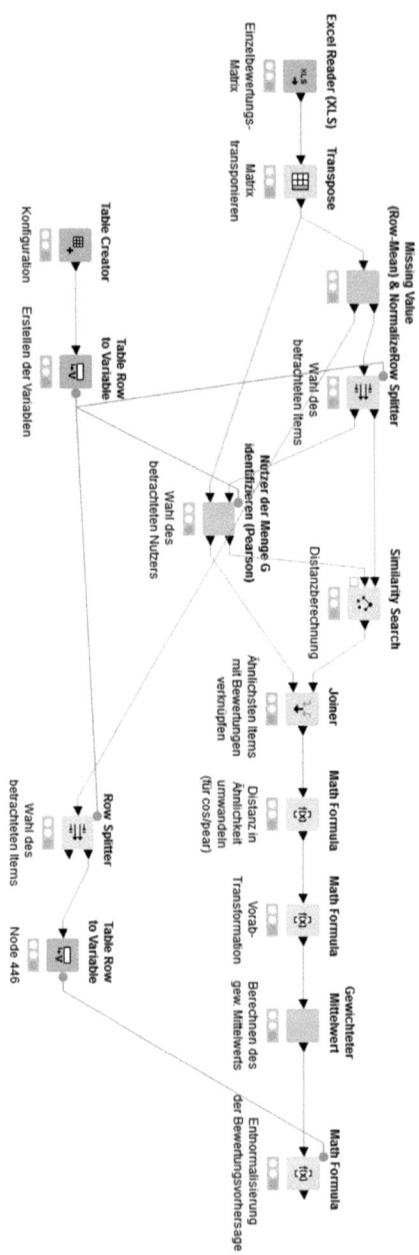

Abbildung 5-2 Screenshot des Collaborative Filtering Workflows in KNIME

5.2.4 Implementierung der Hybridisierung in Excel

Die Hybridisierung der Bewertungsvorhersagen wird mit Excel gelöst. In der Datei „*Implementierug der Hybridisierung.xlsx*" werden drei Tabellenblätter erstellt. Im ersten Tabellenblatt „*Hybride Werte*" werden die finalen hybridisierten Werte angezeigt. Die Tabelle ist über alle Zeilen 2 bis 29 und Spalten B bis P mit der folgenden Formel hinterlegt =('Werte aus CBF'!B2+'Werte aus CF'!B2)/2. Die Formel zieht aus den zwei weiteren Tabellenblättern „*Werte aus CBF*" und „*Werte aus CF*" die jeweiligen Bewertungsvorhersagen, die in KNIME generiert wurden und bildet daraus einen Mittelwert.

5.2.5 Implementierung der Aggregationsmethode in Excel

Die Aggregation der Bewertungsvorhersagen zu einer Gruppenbewertung wird ebenfalls in Excel implementiert. In der Datei „*Implementierung der Aggregation.xlsx*" wird die Gruppenbewertungsmatrix für jede Gruppe um zwei Zeilen erweitert. In der ersten Zeile werden für alle Items der Average aus den Einzelbewertungen der Gruppenmitglieder durch die Formel =MITTELWERT(B3;B5;B6) berechnet. In der zweiten Zeile werden die Least Misery Werte mittels der Formel =MIN(B3;B5;B6) berechnet. In der dritten und letzten Zeile jeder Gruppe berechnet eine Wenn-Dann Formel die finale Bewertungsvorhersage anhand des vorher bestimmten Schwellenwertes =WENN(B35<z;B35;B34). Die Formel verwendet den Least Misery Wert als Bewertungsvorhersage, wenn dieser kleiner als der Schwellenwert ist und den Average Wert in allen anderen Fällen.

Alle Komponenten des Gruppenempfehlungssystems wurden entweder in Excel oder KNIME implementiert und können im anschließenden Teil der Arbeit angewandt und evaluiert werden, um Aussagen über die Performance des entwickelten Modells treffen zu können.

6 Evaluation des Gruppenempfehlungssystems und Interpretation der Ergebnisse

Um die Performance des entwickelten Gruppenempfehlungssystems zu testen und das System im Hinblick auf verschiedene Anforderungen zu evaluieren, wurden eigens Daten in Form eines Experiments erhoben. Im folgenden Kapitel wird das Experiment der Datenerhebung für die Evaluation des Systems kurz näher beschrieben, anschließend die Herangehensweise der Evaluation vorgestellt und die Ergebnisse daraus resultierenden Ergebnisse diskutiert.

6.1 Erhebung des Datensatzes

Um Nutzerdaten für eine Evaluation anlegen zu können und die Präferenzen des Nutzers zu lernen, muss zuerst die Meinung der Nutzer eingeholt werden. Dies kann durch die Erhebung von explizitem und implizitem Feedback geschehen. Implizites Feedback wird erhoben, indem das Verhalten des Nutzers beobachtet wird, um daraus Schlussfolgerungen zu ziehen (Ricci et al. 2011, S.76 f.; Schafer et al. 2001). Explizites Feedback hingegen, wird erhoben, indem die Nutzer direkt befragt werden. Diese Form des Feedbacks gilt in der Literatur als genauer und akkurater (Schafer et al. 2007) und durch die gegebenen Bedingungen dieser Arbeit besser durchzuführen. Daher wurden für die Datenerhebung dieser Arbeit 28 Studenten und Studentinnen explizit zu ihren Präferenzen befragt. Es gibt drei grundsätzliche Vorgehensweisen, wie man die Meinung des Nutzers über ein Item auf explizite Weise abfragen kann. In einer Ja/Nein-Form (Like/Dislike), durch Bewertungen oder in schriftlicher Form mit Kommentaren (Ricci et al. 2011, S.76 f.). Für dieses Experiment wurde die Befragung in Form einer kardinalen Bewertungsskala gewählt.

Innerhalb des Experiments wurde ein Fragebogen mit 15 Restaurants aus den Top 50 der meistbewerteten Restaurants in Berlin vom Restaurantempfehlungsportal Yelp[1] verwendet. Zu jedem der 15 Restaurant-Items gibt es 51 mögliche Attribute. Um verschiedene Biases der Beeinflussungen zu umgehen, wurde die Reihenfolge der Items, sowie der Attribute randomisiert. Ein Bias kann als eine Verzerrung der Daten gesehen werden, welche dadurch zustande kommt, dass Voreingenommenheit oder Tendenzen des Nutzers die Bewertung beeinflussen (Wübbenhorst und Kamps o.J.). Um weitere Biases zu vermeiden wurde nach mehreren Pretests die

---

[1] Daten wurden bei www.yelp.com gesammelt

Gruppengröße auf maximal drei Mitglieder pro Gruppe festgelegt. Grund dafür ist, dass sich in den Pretests gezeigt hat, dass die Bearbeitung des Fragebogens in größeren Gruppen zu viel Zeit beansprucht hat und somit das Risiko einer Beeinflussung der Daten durch Erschöpfung der Teilnehmer entstehen könnte.

Die Befragung wurde in zwei Sitzungen unterteilt. Während des ersten Treffens wurden die Daten der Einzelnutzerpräferenzen erhoben. Die Teilnehmer wurden auseinandergesetzt, um einen Austausch der Befragten zu vermeiden und gebeten die 15 Items zwischen 1 (schlechteste) und 5 (beste) innerhalb von 30 Minuten zu bewerten. Mehrfachangaben waren nicht möglich. Jeder Bewertungsbogen wurde mit dem Teilnehmernamen initialisiert, um eine spätere Gruppenzuordnung zu gewährleisten.

In der zweiten Sitzung wurden alle Teilnehmer in 8 Gruppen mit 3 Teilnehmern und 2 Gruppen mit 2 Teilnehmern unterteilt. Jede Gruppe bekam einen Bewertungsbogen und wurde gebeten die gleichen Items als Gruppe innerhalb von 45 Minuten zu bewerten.

6.2 Wahl des Evaluationskriteriums

Die Qualität oder Effektivität eines Empfehlungssystems kann unter vielen verschiedenen Gesichtspunkten betrachtet werden. Bei den Herangehensweisen herrscht eine große Vielfalt. Prinzipiell orientieren sich die Evaluationskriterien an den vom System erwarteten Zielen. Die in der Literatur am häufigsten vorkommenden Zielsetzungen für die Evaluation eines Empfehlungssystems sind Accuracy (Genauigkeit der vorhergesagten Empfehlungen), Diversity (Vielfältigkeit), Serendipity (Zufallsfunde), Utility (Nützlichkeit) oder Coverage der Empfehlungen (Abdeckung) (Pessemier et al. 2014). Jede der möglichen Evaluationskriterien wird mit unterschiedlichen Kennzahlen gemessen. Nicht alle möglichen Kriterien oder Zielsetzungen werden in jedem Empfehlungssystem benötigt, daher muss entschieden werden, welche Evaluationskriterien sinnvoll für das Empfehlungssystems dieser Arbeit und das Anwendungsgebiet erscheinen. Im weiteren Verlauf dieses Kapitels wird zuerst die Wahl des Evaluationskriteriums erläutert und fortführend die generierten Empfehlungen mit Hilfe der Kennzahlen für das gewählte Kriterium evaluiert.

Vor dem Hintergrund der Leitfrage dieser Arbeit wird als Evaluationsmetrik Accuracy, die Vorhersagegenauigkeit der Empfehlungen, herangezogen. Zum einen, da dieses in der Literatur die populärste und meist verwendete Evaluationsmetrik ist (Aggarwal 2016, S. 226; Herlocker et al. 2004; Shani und Gunawardana 2011) und zum anderen, da diese Metrik einen guten Indikator der Güte und der Business Performance darstellt (Panniello et al. 2015). Panniello et al. (2015) geben an, dass die Genauigkeit von Empfehlungen keinen direkten Einfluss auf das Kaufverhalten von Kunden hat, aber auf das Vertrauen von Kunden, welches im Umkehrschluss das Kaufverhalten antreibt. Außerdem fördert eine hohe Genauigkeit der Empfehlungen die Zufriedenheit des Kunden, was wiederum laut Aggarwal (2016, S.4) in stärkerer Kundenloyalität und folglich in erhöhten Umsatzzahlen resultiert. Diese Zusammenhänge sind in der folgenden Abbildung veranschaulicht worden (Abbildung 6-1).

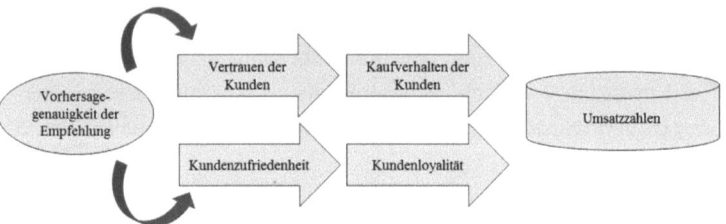

Abbildung 6-1 Auswirkung der Vorhersagegenauigkeit von Empfehlungen auf die Umsatzzahlen

Mit diesem Evaluationskriterium wird zusätzlich auch sichergestellt, dass das Empfehlungssystem verkaufsorientiert angelegt wurde und damit viele Anwendungsdomänen von Gruppenempfehlungssystemen abdeckt. Ein Gruppenempfehlungssystem im Hinblick auf die Accuracy zu evaluieren bedeutet, die vom System generierten Empfehlungen mit den tatsächlichen Gruppenpräferenzen zu vergleichen (Pessemier et al. 2014; Quijano-Sanchez et al. 2013). Als konkrete Kennzahlen zur Berechnung der Vorhersagegenauigkeit werden der Root Mean Squared Error (RMSE) und der Mean Absolute Error (MAE) nach Shani und Gunawardana (2011) herangezogen. Beide Kennzahlen bieten eine relativ akkurate Einschätzung der Empfehlungsqualität des entwickelten Systems. Der RMSE und der MAE berechnen sich wie folgt:

$$\text{RMSE} = \sqrt{\frac{1}{n} \sum_{i=1}^{n} (r_{u_i} - \hat{R})^2}$$

Der RMSE versucht den Error der vorhergesagten Empfehlungen $\hat{R}$ zu schätzen, indem er diese mit den tatsächlichen Bewertungen r_{u_i} vergleicht, hierbei steht n

für die Gesamtzahl der getesteten Bewertungen. Je kleiner der Error, desto besser ist die Performance des Systems und umso höher die Genauigkeit. Da der Error quadriert wird, bevor der Durchschnitt berechnet wird, verleiht der RMSE großen Fehlern ein relativ hohes Gewicht. Dies bedeutet, dass der RMSE am nützlichsten ist, wenn große Fehler besonders unerwünscht sind (eumetrain.org o.J).

$$\text{MAE} = \frac{1}{n} \sum_{i=1}^{n} | r_{u_i} - \widehat{R} |$$

Der MAE berechnet den absoluten Durchschnitt der Fehler bzw. die Unterschiede zwischen der Bewertungsprognose und der tatsächlichen Bewertung. Herlocker et al. (2004) beschreiben in ihrer Arbeit den MAE Wert 0.73 auf einer fünfer Skala als „magische Grenze", die sich laut den Autoren nicht weiter verbessern lässt. Der Grund hierfür könnte laut ihnen die inkonsistente Bewertungsvergabe der Nutzer sein, die gleiche Items teilweise unterschiedlich bewerten.

6.3 Vorgehen der Evaluation

In diesem Teil des Kapitels soll nun das zuvor entwickelte und implementierte Gruppenempfehlungssystem mit den eigens erhobenen Daten getestet werden. Dementsprechend werden die für die Gruppe vorgeschlagenen Bewertungen evaluiert. Hierfür wird der Datensatz präpariert und anschließend dem System zugegeben. Die erhobenen Einzelnutzer-Restaurantbewertungen, sowie die Gruppenbewertungen wurden zu einer Bewertungsmatrix vorverarbeitet, um diese im implementierten System einfügen zu können. Zusätzlich werden für die Anwendung des Content-Based Filtering die binären Itemprofile benötigt, welche ebenfalls vorher erstellt werden.

Um bei der Evaluation der Gruppenbewertungsvorhersagen auch die einzelnen Komponenten des Systems stärker zu gewichten, werden vier spezielle Fälle evaluiert. Hierfür wird der Inputdatensatz auf drei unterschiedliche Weisen präpariert und evaluiert. Die vier Evaluationsfälle werden im Folgenden kurz vorgestellt und im Anschluss detaillierter beschrieben.

1) Fall 1: Schwerpunkt New User Es werden 40 % der Einzelnutzerbewertungen gelöscht und dabei ausschließlich New User Kaltstartprobleme simuliert. Das System berechnet darauf aufbauend die Vorhersagen der Gruppenbewertungen, welche dann evaluiert werden.

2) Fall 2: Schwerpunkt hybrides Empfehlungssystem Es werden 40 % der Einzelnutzerbewertungen gelöscht ohne dabei New User Fälle zu simulieren. Das System berechnet darauf aufbauend die Vorhersagen der Gruppenbewertungen, welche dann evaluiert werden.

3) Fall 3: Schwerpunkt reine Aggregation Die tatsächlichen Werte der Einzelnutzermatrix werden dem System als Input gegeben ohne etwas zu löschen oder zu verändern. Das System aggregiert die Daten zu Gruppenbewertungen, welche dann evaluiert werden.

4) Fall 4: Gesamtes Verfahren Hierbei sollen die entwickelten Komponenten des Systems gemeinsam zum Einsatz kommen und die daraus resultierenden Empfehlungsvorhersagen evaluiert werden.

Da der Fokus dieser Arbeit auf den Gruppenbewertungen liegt und in erster Linie deren Vorhersagen des Systems evaluiert werden sollen, kommt in allen Fällen die Aggregationsmethode zum Einsatz. Der Schwerpunkt liegt in allen Fällen auf den jeweiligen Komponenten, jedoch in Kombination mit der Aggregationsmethode. Bei der Aggregation der Einzelwerte zu Gruppenbewertungen muss für die Least Misery Komponente ein Schwellenwert festgelegt werden. Hierfür wird bei jeder der vier Fälle einmal mit dem Schwellenwert < 2 aggregiert und einmal mit dem Schwellenwert < 3 um zu vermeiden, dass verschiedene Effekte und Ergebnisse vom Schwellenwert abhängen. Die Bewertungsvorhersagen der Gruppenbewertungen, werden schlussendlich mittels der Kennzahlen RMSE und MAE mit den tatsächlichen Gruppenbewertungen evaluiert.

6.3.1 Evaluation mit Schwerpunkt New User

In diesem Evaluationsverfahren soll der Fokus neben der Aggregationsmethode auch auf den New User Fall gelegt werden. Hierfür wird der Inputdatensatz im Vorhinein wie folgt präpariert (Datei „*New User Evaluation.xlsx*"). Aus der ursprünglichen Bewertungsmatrix der Einzelnutzerbewertungen werden 40 % der Daten gelöscht, dies entspricht den Bewertungen von ca. 11 Nutzern. Hierbei wird darauf geachtet, dass nur ganze Zeilen der Nutzerbewertungen gelöscht werden, um New User Kaltstartprobleme zu simulieren. Ein Teil der Gruppenbewertungen muss zur Verfügung gestellt werden, da die implementierte Komponente des New User Case vorsieht, entweder falls vorhanden, die Gruppenbewertung als Pseudo-Wert zu heranzuziehen, oder im anderen Fall, die Durchschnittsbewertung des jeweiligen Items. Hierfür werden zusätzlich 60 % der Gruppenbewertungen aus dem Datensatz des Offline Experiments gelöscht und die anderen 40 % für die Berechnung zur Verfügung gestellt. Das heißt 60 von 150 Gruppenbewertungen werden zufällig ausgewählt und dem System als Input gegeben. Die benötigte Durchschnittsbewertung pro Item wurde auf Basis des präparierten Datensatzes berechnet und fixiert, um zu vermeiden, dass die Durchschnittsbewertung sich mit neuen Einträgen verändert. Nachdem die fehlenden New User Bewertungen vom System generiert wurden, werden diese in der Datei „*Aggregation New User.xlsx*" zu Gruppenbewertungen aggregiert. Das Aggregationsverfahren wird in zwei Durchläufen durchgeführt. Im ersten Durchlauf wird als Schwellenwert bei der Aggregation < 2 („*Aggregation New User_2.xlsx*") gewählt und im zweiten Durchlauf < 3 („*Aggregation New User_3.xlsx*"). Die Bewertungsvorhersagen der Gruppen werden mittels RMSE und MAE mit den tatsächlichen Gruppenbewertungen verglichen (gleichnamige Datei, Tabellenblätter „*RMSE*" und „*MAE*"). Da 60 von 150 Einträgen der Gruppenbewertungsmatrix als Trainingsdaten verwendet wurden, werden diese bei der Berechnung des RMSE und des MAE nicht mitberücksichtigt. Die Variable n entspricht somit in diesem Fall 90. Die Ergebnisse des RMSE und MAE für die Schwellenwerte < 2 und < 3 befinden sich in der Tabelle 6-1.

6.3.2 Evaluation mit Schwerpunkt hybrides Empfehlungsverfahren

Für die Evaluation des hybriden Empfehlungsverfahrens werden aus der Einzelnutzermatrix 40 % der Bewertungen gelöscht, was 168 Bewertungen entspricht. Es wird darauf geachtet, dass beim Entfernen der Daten keine ganzen Bewertungsvektoren von einem Nutzer entfernt werden, um New User Fälle auszuschließen und den Fokus allein auf das hybride Empfehlungsverfahren zu legen. Der präparierte Datensatz wird sowohl dem KNIME Workflow des Content-Based Filtering („*Präparierte Einzelbewertungen.xlsx*"), als auch dem des Collaborative Filtering („*Präparierte Einzelbertungsmatrix.xlsx*") als Input gegeben. Die fehlenden Bewertungen werden von beiden Verfahren berechnet und in der Datei „*Evaluation der Hybridisierung.xlsx*" gesammelt (Tabellenblätter „*Werte aus CFB*" und „*Werte aus CF*"). Im ersten Tabellenblatt „*hybride Werte*" entsteht die Einzelnutzermatrix mit den Bewertungsvorhersagen. Diese wird erneut mittels der Datei „*Aggregation Hybrid150.xlsx*" für die Schwellenwerte < 2 und < 3 zu Gruppenbewertungsvorhersagen aggregiert, welche dann evaluiert werden (gleichnamige Datei, Tabellenblätter „*RMSE*" und „*MAE*"). Um die Evaluation vergleichbar zu der Evaluation mit Schwerpunkt New User zu machen, wird der RMSE hier zusätzlich zur normalen Berechnung, ebenfalls einmal auf Basis der 90 Einträge aus dem ersten Fall, berechnet („*Aggregation Hybrid90.xlsx*"). Die Ergebnisse auf Basis der vollständigen

150 Werte sind in der Tabelle 6-2 einsehbar und die Ergebnisse auf Basis der 90 Werte des ersten Falls sind in der Tabelle 6-1 einzusehen.

6.3.3 Evaluation mit Schwerpunkt Aggregationsmethode

Für dieses Evaluationsverfahren wird als Inputdatensatz die vollständige Matrix der tatsächlichen Einzelnutzerbewertungen herangezogen. Somit liegt der Fokus bei diesem Evaluationsfall ausschließlich auf der Aggregation der Werte. Die Bewertungsmatrix wird in der Datei „Reine Aggregation Implementierung150.xlsx" eingefügt und dort sowohl für den Schwellenwert < 2 als auch für den Schwellenwert < 3 zu Gruppenbewertungsvorhersagen aggregiert. Die Bewertungsvorhersagen der Gruppen werden mittels RMSE und MAE mit den tatsächlichen Gruppenbewertungen verglichen (gleichnamige Datei, Tabellenblätter „RMSE" und „MAE"). Um die Evaluation erneut vergleichbar zu den anderen Evaluationsfällen zu machen, werden RMSE und MAE zusätzlich auf Basis der 90 Einträge aus dem New User Fall berechnet („Reine Aggregation Implementierung90.xlsx"). Die Ergebnisse der vollständigen 150 Werte sind in Tabelle 6-2 einsehbar und die Ergebnisse auf Basis der 90 Werte des ersten Falls sind in der Tabelle 6-1 einzusehen.

6.3.4 Evaluation des gesamten Systems mit allen Komponenten

Zuletzt sollen in diesem Evaluationsverfahren alle entwickelten Komponenten des Systems gemeinsam zum Einsatz kommen und in Kombination evaluiert werden. Um sowohl die New User Komponente zum Einsatz zu bringen, als auch das hybride Empfehlungsverfahren, werden erneut 40 % der Daten gelöscht, allerdings so, dass sowohl der New User Fall zum Einsatz kommt, als auch das hybride Empfehlungsverfahren („New User Komponente für gesamtes Verfahren.xlsx"). Aus dem ursprünglichen Datensatz werden 20 % der Daten zeilenweise entfernt (weiße Zeilen), was ca. den Bewertungsvektoren von sechs Nutzern entspricht und zusätzlich werden 20 % der Bewertungen randomisiert entfernt ohne dabei ganze Zeilen der Matrix zu löschen (gelbe Felder). Als erstes werden die fehlenden Werte der sechs Nutzer mittels des New User Verfahrens aufgefüllt und die neue Bewertungsmatrix mit den restlichen fehlenden 20 % dem hybriden Verfahren in KNIME als Input gegeben („Präparierte Einzelnutzerbewertungsmatrix Gesamtes Verfahren.xlsx"). Die Ergebnisse des Content-Based und Collaborative Filtering werden in der Datei „Hybridisierung Gesamtes Verfahren.xlsx" gesammelt und hybridisiert. Die neue Einzelbewertungsmatrix wird dann in der Datei „Aggregation Gesamtes Verfahren.xlsx" für die Schwellenwerte < 2 und < 3 zu Gruppenbewertungen aggregiert (gleichnamige Datei, Tabellenblätter „RMSE" und „MAE"). Wie im ersten

Evaluationsfall, werden auch bei diesem Vorgehen für die New User Komponente 60 Gruppenbewertungen als Trainingsdaten zur Verfügung gestellt, das heißt die Berechnung des RMSE und MAE erfolgt auch hier auf Basis der 90 Testwerte (Variable n = 90). Die Ergebnisse sind in Tabelle 6-1 einsehbar.

	RMSE		MAE	
	< 2	< 3	< 2	< 3
New User	0,75529161	0,86941065	0,61448802	0,67810458
Hybrid	0,7957947	0,931215422	0,654063889	0,708222222
Aggregation Einzelwerte	0,821771648	1,073099814	0,644444444	0,787037037
Gesamt	0,812951652	1,002058013	0,621632244	0,756851743

Tabelle 6-1 Ergebnisse der Evaluation auf Basis von 90 Testwerten

	RMSE		MAE	
	< 2	< 3	< 2	< 3
Hybrid	0,83170746	0,97115682	0,65953222	0,74196778
Aggregation Einzelwerte	0,84426168	1,07591477	0,64333333	0,80111111

Tabelle 6-2 Ergebnisse der Evaluation auf Basis von 150 Testwerten

6.4 Diskussion der Ergebnisse

Die Ergebnisse, die sich mit Hilfe der Kennzahlen ergeben haben, sollen nun kritisch betrachtet und diskutiert werden.

Bei der Betrachtung der gesamten Ergebnisse im Überblick kann man sehen, dass die RMSE Werte durchgängig etwas schlechter ausfallen, als die des MAE. Dies ist in der Regel dadurch zu erklären, dass beim RMSE durch das Quadrieren größere Fehler stärker ins Gewicht fallen und somit bei den Bewertungsprognosen einige größere Fehler aufgetreten sein müssen. Je größer der Unterschied der beiden Kennzahlen, desto höher ist die Varianz der Fehler. Der Unterschied zwischen RMSE und MAE ist besonders bei der reinen Aggregation und dem gesamten Verfahren auffallend hoch und deutet darauf hin, dass das System in den beiden Fällen vereinzelt besonders hohe Abweichungen bei den Bewertungsvorhersagen erzielt haben muss. Dies ist speziell bei der reinen Aggregation ziemlich verwunderlich, da hier die tatsächlichen Bewertungen lediglich aggregiert wurden und für die

Einzelbewertungen keine Prognosen zum Einsatz kamen. Im Verlauf dieses Kapitels wird auf diesen Zustand detaillierter eingegangen.

Zusätzlich zeigt sich, dass die Ergebnisse des Schwellenwertes < 2 durchgängig etwas besser sind als die des Schwellenwertes < 3, was ein Hinweis darauf sein könnte, dass eine Bewertung von 2 in der Realität in einer Gruppenabstimmung nicht so gravierend ins Gewicht fällt und bei der Gruppenentscheidung nicht so stark berücksichtig wird, wie die Bewertung mit einer 1. Andersherum könnte dies auch bedeuten, dass eine Bewertung von 2 für den jeweiligen Nutzer keine so große Abneigung dem Item gegenüber bedeutet und er bereit ist sich der Mehrheit der Gruppe anzupassen. Ein Beispiel hierfür ist die Bewertung der Gruppe 7 zu Item 12 (Bewertungen 5, 4, 2). Mit der implementierten Aggregationsmethode würde der Gruppe gemäß Least Misery < 3 eine Bewertung von 2 prognostiziert, die tatsächliche Gruppenbewertung ist allerdings 5. Das Gruppenmitglied mit der Bewertung 2 hat sich demzufolge den anderen Gruppenmitgliedern angepasst.

Interessant ist bei der allgemeinen Betrachtung der Ergebnisse auch, dass der MAE für alle vier Fälle des Schwellenwertes < 2 die „magische Grenze" 0,73 von Herlocker et al. (2004) unterschreitet, die sich laut ihrer Arbeit nicht mehr verbessern ließe. Dies kann sicherlich positiv für das entwickelte Modell gesehen werden, dennoch muss weiterhin bedacht werden, dass das System mit Hilfe eines relativ kleinen Datensatzes evaluiert wurde und die Ergebnisse sich unter Verwendung eines sehr großen Datensatzes gegebenenfalls anders verhalten könnten. Dies wird bereits leicht angedeutet, wenn man die Ergebnisse auf Basis der 150 Testdaten im Vergleich mit den Ergebnissen auf Basis von 90 Testdaten betrachtet. Tabelle 6-2 zeigt, dass die Werte der beiden Fälle mit dem größeren Datensatz sich minimal verschlechtern. Dennoch lässt sich nicht pauschalisieren, dass das System bei einem großen Datensatz schlechtere Werte liefert, denn eine größere Menge an zur Verfügung stehenden Trainingsdaten könnte das System auch weiter verfeinern und genauere Ergebnisse erzielen lassen.

Bei näherer Betrachtung der konkreten Fälle sticht heraus, dass die New User Komponente besonders gut abgeschnitten hat und im Vergleich mit allen anderen Fällen die besten Werte erzielt hat. Sowohl bei der New User Komponente, als auch bei dem hybriden Empfehlungssystem wurden 40 % der Daten gelöscht. Die New User Komponente schneidet aber im Vergleich jedoch besser ab, was impliziert, dass das System für das New User Kaltstartproblem besonders gut ausgerichtet ist.

Das gesamte Verfahren schneidet zwar etwas schlechter ab als die New User Komponente und das hybride Empfehlungsverfahren, aber dennoch durchgängig besser als die Aggregationsmethode. Einen möglichen Grund für die relativ schlechten Ergebnisse der Aggregationsmethode, sowie die hohe Varianz der Fehler durch die abweichenden Werte zwischen RMSE und MAE könnte das Bewertungsverhalten der Nutzer liefern. Wenn man sich die tatsächlichen Daten des Experiments anschaut, gibt es in der Realität Bewertungsfälle, die vom System schwierig nachzuvollziehen sind. Ein Beispiel hierfür sind die tatsächlichen Bewertungen der Gruppe 1 für Item 29 und Item 46. Die Einzelbewertungen des Items 29 betragen 3, 3 und 5. Als Gruppe wurde das Item allerdings mit einer 2 bewertet, was weder durch Anwendung des Least Misery, noch durch den Average zu erfassen gewesen wäre. Bei Item 46 lagen die Einzelbewertungen bei 5, 4 und 3, dementsprechend durchschnittlich bei einer 4. Als Gruppe wurde das Item allerdings wieder mit einer 2 bewertet. Dadurch, dass kein Nutzer zuvor das Item mit einer 2 bewertet hat, greift die Least Misery Komponente hier erneut nicht und der Average läge mit 4 um ganze zwei Werte neben der tatsächlichen Bewertung. Die Bewertungsausreißer könnten unter anderem dadurch zustande kommen, dass sich Meinungsführer in der Gruppe bilden, die ihre Präferenzen durchsetzen, oder wie Herlocker et al. (2004) bereits andeuteten, durch ein inkonsistentes Bewertungsverhalten der Nutzer.

Dadurch, dass in allen Fällen auch die Aggregationsmethode zum Einsatz kommt und erst die daraus resultierenden Gruppenbewertungsvorhersagen evaluiert werden, können allerdings keine alleinigen Aussagen über die einzelnen Systemkomponenten gemacht werden. Um die direkte Performance der einzelnen Komponenten alleinstehend zu beurteilen, müssten die Einzelbewertungsvorhersagen direkt mit den tatsächlichen Einzelbewertungen evaluiert werden, dies steht allerdings nicht im Fokus dieser Arbeit.

Abschließend ist positiv zu vermerken, dass das System in der Lage ist Empfehlungen für Gruppen zu generieren, ohne dass die jeweiligen Gruppenmitglieder zuvor in der Konstellation Bewertungen abgegeben haben und ohne domänenspezifische Daten zu benötigen. Die vergleichsweise relativ guten MAE Werte können ebenfalls als Indikator gesehen werden, dass das System möglichst genaue Bewertungsvorhersagen für Gruppen generiert und die Zufriedenheit der Nutzer damit steigert. Das entwickelte Gruppenempfehlungssystem wird den zuvor definierten Anforderungen somit mehrheitlich gerecht. Wie genau die generierten Empfehlungen tatsächlich sind, würde sich durch einen Vergleich mit einem anderen Gruppenempfehlungssystem noch präzisieren lassen.

7 Schluss

7.1 Zusammenfassung der Arbeit

Ziel der vorliegenden Arbeit war es die Forschungsfrage: „*Wie können in einem domänenunabhängigen Setting Empfehlungen für flüchtige Gruppen generiert werden, welche eine möglichst hohe Vorhersagegenauigkeit in Bezug auf die tatsächlichen Präferenzen der Gruppe enthalten?*" zu beantworten. Vor diesem Hintergrund ist ein Empfehlungssystem für flüchtige Gruppen konzipiert, implementiert und evaluiert worden, dass der Forschungsfrage und den Anforderungen an das System gerecht wird, indem es auf die Anwendung von flüchtigen Gruppen gerichtet ist, keine domänenspezifischen Daten verwendet und eine möglichst hohe Vorhersagegenauigkeit erzielt. Zu Beginn der Arbeit wurden flüchtige Gruppen nach Sichtung verschiedener Definition aus der Literatur als Gruppen definiert, die in dieser Gruppenkonstellation in der Vergangenheit gemeinsam keine Bewertungen zu den jeweiligen Items abgegeben haben. Mittels einer konstruktiven Literaturrecherche wurden theoretische Grundlagen des State-of-the-Art im Bereich Empfehlungssysteme und Gruppenempfehlungssysteme herangezogen und die Vor- und Nachteile verschiedener möglicher Methoden abgewogen. Auf dieser Basis, sowie in Berücksichtigung der definierten Anforderungen an das System wurden im Hauptteil der Arbeit fundierte Entscheidungen über die Wahl der Methoden getroffen und so ein Gruppenempfehlungssystem konzipiert. Für das eigens zu konzipierende Gruppenempfehlungssystem wurde ein Verfahren zur Lösung des New User Kaltstartproblems entwickelt. Das eigentliche Empfehlungsverfahren wurde mit einer hybriden Lösung aus Content-Based und Item-Based Collaborative Filtering entwickelt, per Rating Aggregation gruppiert und mit einer etwas abgewandelten Form der Average Without Misery Strategie zu Gruppenbewertungen aggregiert. Das System wurde anschließend mathematisch umgesetzt. Daraufhin wurden die einzelnen Komponenten je nach Sinnhaftigkeit und Funktionalität entweder mit KNIME oder Excel implementiert. Das implementierte Gruppenempfehlungssystem wurde abschließend mit Hilfe eines selbst erhobenen Datensatzes auf das Kriterium der Vorhersagegenauigkeit (Accuracy) hin evaluiert und die daraus resultierenden Ergebnisse analysiert und diskutiert.

7.2 Kritische Würdigung und Ausblick für zukünftige Forschung

Zusammenfassend kann man sagen, dass das System bei der Evaluation auf Accuracy relativ gute Ergebnisse erzielt hat. Primär für den Schwellenwert < 2, welcher bei Anwendung des MAE durchgängig relativ kleine Werte erzielt hat. Durch die schlechtere Performance des Schwellenwertes < 3 ist deren Anwendung in Zukunft vorerst nicht zu empfehlen. Es ist allerdings möglich, dass die Performance der Schwellenwerte sich mit steigender Gruppengröße verändert. Daher wäre es in einer zukünftigen Arbeit interessant zu untersuchen, wie sich die Aggregationsmethode bei Anwendung auf verschiedene größere Gruppen verhält und ob große Gruppen bei ihren Entscheidungen andere Strategien verfolgen und wie diese vom System allgemein abgebildet werden könnten. In diesem Zusammenhang wäre zukünftig auch die Miteinbeziehung und Analyse sozialpsychologischer Faktoren bei Gruppenentscheidungen interessant, darunter fällt die Untersuchung des Einflusses von Meinungsführern oder die Anpassung „schwächerer" Gruppenmitglieder an die Mehrheit.

Die Aggregationsmethode könnte nach kritischer Betrachtung der Ergebnisse noch optimiert werden, aber es ist nicht ausgeschlossen, dass ein diverses und schwer nachvollziehbares Bewertungsverhalten der Gruppen mitverantwortlich für eine erhöhte Varianz der Fehler ist.

Die gewählte Vorgehensweise zuerst einen Überblick über den Stand der Forschung und die Vor- und Nachteile möglicher Methoden zu erlangen, hat sich als positiv erwiesen, da daraufhin ein hybrides Verfahren aus Content-Based und Collaborative Filtering entwickelt wurde, welches vergleichsweise positive Ergebnisse bei der Evaluation erzielt hat. Positiv hervorzuheben ist auch, dass das System den zuvor definierten Anforderungen weitestgehend gerecht wird. Es ist einsatzfähig für flüchtige Gruppe ohne sich dabei auf eine Domäne zu spezialisieren und erzielt eine relativ gute Prognosegenauigkeit, was der Zufriedenheit der Nutzergruppen zugutekommt, und letztendlich auch den Umsatzzahlen des Unternehmens.

Als Nachteil oder Schwäche des Systems kann wahrscheinlich die Laufzeit gesehen werden, auch wenn diese nicht im Evaluationsmittelpunkt stand. Der aktuelle Stand der Implementierung erfordert manuelle Eingaben, sowohl in Excel als auch in KNIME. Die Laufzeit könnte noch verkürzt werden, indem in KNIME ein zusätzlicher Automatismus oder eine Schleife implementiert würde, welche die fehlenden Bewertungen eigenständig auffüllt und hybridisiert.

Eine interessante Erweiterung dieser Arbeit in zukünftigen Forschungen wäre eine Analyse, wie sich das System im Hinblick auf weitere Evaluationskriterien wie Coverage, Diversity oder Serendipity verhält und wie dieses im Vergleich mit einem anderen Gruppenempfehlungssystems abschneidet.

Literaturverzeichnis

Adomavicius, Gediminas; Tuzhilin, Alexander (2005): Toward the next generation of recommender systems. A survey of the state-of-the-art and possible extensions. In: *IEEE Trans. Knowl. Data Eng.* 17 (6), S. 734–749. DOI: 10.1109/TKDE.2005.99.

Adomavicius, Gediminas; Bockstedt, Jesse C.; Curley, Shawn P.; Zhang, Jingjing (2013): Do Recommender Systems Manipulate Consumer Preferences? A Study of Anchoring Effects. In: *Information Systems Research* 24 (4), S. 956–975. DOI: 10.1287/isre.2013.0497.

Aggarwal, Charu C. (2016): Recommender systems. The textbook. Cham: Springer. Online verfügbar unter http://dx.doi.org/10.1007/978-3-319-29659-3.

Amer-Yahia, Sihem; Roy, Senjuti Basu; Chawlat, Ashish; Das, Gautam; Yu, Cong (2009): Group recommendation. In: *Proc. VLDB Endow.* 2 (1), S. 754–765. DOI: 10.14778/1687627.1687713.

Anderson, Chris (2006): The long tail. Why the future of business is selling less of more: Hachette Books.

Baltrunas, Linas; Makcinskas, Tadas; Ricci, Francesco (2010): Group recommendations with rank aggregation and collaborative filtering. In: Xavier Amatriain (Hg.): Proceedings of the fourth ACM conference on Recommender systems. the fourth ACM conference. Barcelona, Spain. ACM Special Interest Group on Knowledge Discovery in Data; ACM Special Interest Group on Electronic Commerce; ACM Special Interest Group on Artificial Intelligence; ACM Special Interest Group on Computer-Human Interaction; ACM Special Interest Group on Information Retrieval; ACM Special Interest Group on Hypertext, Hypermedia, and Web. New York, NY: ACM, S. 119.

Basu Roy, Senjuti; Lakshmanan, Laks V.S.; Liu, Rui (2015): From Group Recommendations to Group Formation. In: Timos Sellis, Susan B. Davidson und Zack Ives (Hg.): Compilation proceedings of the 2015 ACM Symposium on Principles of Database Systems, ACM SIGMOD International Conference on Management of Data, and SIGMOD/PODS 2015 PhD symposium, May 31 - June 4, 2015, Melbourne, VIC, Australia. The 2015 ACM SIGMOD International Conference. Melbourne, Victoria, Australia. Association for Computing Machinery; ACM Symposium on Principles of Database Systems; ACM SIGMOD-SIGACT-SIGART Symposium on Principles of Database Systems; PODS; ACM SIGMOD International Conference on Management of Data; SIGMOD; ACM SIGMOD PhD symposium; ACM SIGMOD/PODS PhD symposium. New York, NY: ACM, S. 1603–1616.

Beckmann, Christoph; Gross, Tom (2011): AGReMo. In: Anke Dittmar (Hg.): Proceedings of the 29th Annual European Conference on Cognitive Ergonomics. the 29th Annual European Conference. Rostock, Germany. ACM Special Interest Group on Computer-Human Interaction. New York, NY: ACM, S. 179.

Bennett, James; Lanning, Stan (Hg.) (2007): The netflix prize. Proceedings of KDD cup and workshop: New York, NY, USA.

Berkovsky, Shlomo; Freyne, Jill (Hg.) (2010): Group-based recipe recommendations. Analysis of data aggregation strategies. Proceedings of the fourth ACM conference on Recommender systems: ACM.

Berthold, Michael R.; Cebron, Nicolas; Dill, Fabian; Gabriel, Thomas R.; Kötter, Tobias; Meinl, Thorsten et al. (2008): KNIME. The Konstanz Information Miner. In: Christine Preisach, Hans Burkhardt, Lars Schmidt-Thieme und Reinhold Decker (Hg.): Data Analysis, Machine Learning and Applications. Berlin, Heidelberg: Springer Berlin Heidelberg (Studies in Classification, Data Analysis, and Knowledge Organization), S. 319–326.

Bogers, Toine; Koolen, Marijn (2016): Report on RecSys 2015 Workshop on New Trends in Content-Based Recommender Systems. In: *SIGIR Forum* 49 (2), S. 141–146. DOI: 10.1145/2888422.2888445.

Bokde, Dheeraj; Girase, Sheetal; Mukhopadhyay, Debajyoti (2015): Matrix factorization model in collaborative filtering algorithms. A survey. In: *Procedia Computer Science* 49, S. 136–146.

Boratto, Ludovico; Carta, Salvatore (2010): State-of-the-art in group recommendation and new approaches for automatic identification of groups. In: Information retrieval and mining in distributed environments: Springer, S. 1–20.

Breese, John S.; Heckerman, David; Kadie, Carl (Hg.) (1998): Empirical analysis of predictive algorithms for collaborative filtering. Proceedings of the Fourteenth conference on Uncertainty in artificial intelligence: Morgan Kaufmann Publishers Inc.

Burke, Robin (2007): Hybrid Web Recommender Systems. In: Peter Brusilovsky, Alfred Kobsa und Wolfgang Nejdl (Hg.): The Adaptive Web, Bd. 4321. Berlin, Heidelberg: Springer Berlin Heidelberg (Lecture Notes in Computer Science), S. 377–408.

Chao, Dennis L.; Balthrop, Justin; Forrest, Stephanie (2005): Adaptive radio. In: Mark Pendergast (Hg.): Proceedings of the 2005 international ACM SIGGROUP conference on Supporting group work. the 2005 international ACM SIGGROUP conference. Sanibel Island, Florida, USA, 6/11/2005 - 9/11/2005. New York, NY: ACM, S. 120.

ChoiceStream, Inc (2017): 2007 ChoiceStream Personalization Survey. Hg. v. Inc ChoiceStream. Online verfügbar unter http://www.choicestream.com/2013_Staging/wp-content/uploads/2013/10/ChoiceStream_2007_Personalization_survey.pdf, zuletzt aktualisiert am 21.08.2017, zuletzt geprüft am 21.08.2017.

Christensen, Ingrid; Schiaffino, Silvia; Armentano, Marcelo (2016): Social group recommendation in the tourism domain. In: *J Intell Inf Syst* 10 (16), S. 245. DOI: 10.1007/s10844-016-0400-0.

Coles, Amanda; Coles, Andrew; Edelkamp, Stefan; Magazzeni, Daniele; Sanner, Scott (Hg.) (2016): Proceedings of the Twenty-Sixth International Conference on Automated Planning and Scheduling. International Conference on Automated Planning and Scheduling; ICAPS. Palo Alto, California, USA: AAAI Press.

Crossen, Andrew; Budzik, Jay; Hammond, Kristian J. (2001): Flytrap. In: Johanna Colgrove (Hg.): Proceedings of the 29th annual ACM SIGUCCS conference on User services. the 7th international conference. San Francisco, California, USA. ACM Special Interest Group on University and College Computing Services. New York, NY: ACM, S. 184.

eumetrain.org (o.J): Mean Absolute Error (MAE) and Root Mean Squared Error (RMSE). Online verfügbar unter http://www.eumetrain.org/data/4/451/english/msg/ver_cont_var/uos3/uos3_ko1.htm, zuletzt geprüft am 10.12.2017.

Gomez-Uribe, Carlos A.; Hunt, Neil (2016): The netflix recommender system. Algorithms, business value, and innovation. In: *ACM Transactions on Management Information Systems (TMIS)* 6 (4), S. 13.

Good, Nathaniel; Schafer, J. Ben; Konstan, Joseph A.; Borchers, Al; Sarwar, Badrul; Herlocker, Jon; Riedl, John (Hg.) (1999): Combining collaborative filtering with personal agents for better recommendations. In Proceedings of the AAAI'99 conference, pp. 439-446.

Herlocker, Jonathan L.; Konstan, Joseph A.; Terveen, Loren G.; Riedl, John T. (2004): Evaluating collaborative filtering recommender systems. In: *ACM Trans. Inf. Syst.* 22 (1), S. 5–53. DOI: 10.1145/963770.963772.

Isinkaye, F. O.; Folajimi, Y. O.; Ojokoh, B. A. (2015): Recommendation systems. Principles, methods and evaluation. In: *Egyptian Informatics Journal* 16 (3), S. 261–273. DOI: 10.1016/j.eij.2015.06.005.

Jameson, Anthony (2004): More than the sum of its members. In: Maria Francesca Costabile (Hg.): Proceedings of the working conference on Advanced visual interfaces - AVI '04. the working conference. Gallipoli, Italy, 25.05.2004 - 28.05.2004. New York, New York, USA: ACM Press, S. 48.

Jameson, Anthony; Smyth, Barry (2007): Recommendation to groups. In: *The adaptive web*, S. 596–627.

Jannach, Dietmar; Zanker, Markus; Felfernig, Alexander; Friedrich, Gerhard (2010): Recommender systems. An introduction: Cambridge University Press.

Leskovec, Jure; Rajaraman, Anand; Ullman, Jeffrey David (2014): Mining of massive datasets: Cambridge University Press.

Levitin, Daniel J. (2015): Daniel J Levitin Q&A: 'We've created more information in the past few years than in all of human history before us'. Hg. v. The Guardian. Online verfügbar unter https://www.theguardian.com/science/2015/jan/18/daniel-j-levitin-q-and-a-organised-mind-interview.

Lieberman, Henry; van Dyke, Neil; Vivacqua, Adriana (1999): Let's browse. A collaborative browsing agent. In: *Knowledge-based systems* 12 (8), S. 427–431. DOI: 10.1016/S0950-7051(99)00036-2.

Linden, Greg; Smith, Brent; York, Jeremy (2003): Amazon. com recommendations. Item-to-item collaborative filtering. In: *IEEE Internet computing* 7 (1), S. 76–80.

Lohr, Steve (2009): A $1 Million Research Bargain for Netflix, and Maybe a Model for Others. Hg. v. The New York Times. Online verfügbar unter http://www.nytimes.com/2009/09/22/technology/internet/22netflix.html?pagewanted=all, zuletzt geprüft am 28.11.2017.

Marchand, André; Hennig-Thurau, Thorsten (2012): Empfehlungssysteme für Gruppen. Entscheidungsunterstützung für den gemeinsamen Konsum hedonischer Produkte. Zugl.: Weimar, Univ., Diss., 2011. 1. Aufl. Lohmar: Eul (Reihe, 4).

Masthoff, Judith (2011): Group recommender systems. Combining individual models. In: Recommender systems handbook: Springer, S. 677–702. Online verfügbar unter http://link.springer.com/chapter/10.1007/978-0-387-85820-3_21.

McCarthy, Joseph F. (Hg.) (2002): Pocket restaurantfinder. A situated recommender system for groups. Workshop on Mobile Ad-Hoc Communication at the 2002 ACM Conference on Human Factors in Computer Systems.

McCarthy, Joseph F.; Anagnost, Theodore D. (1998): MusicFX. In: Steven Poltrock (Hg.): Proceedings of the 1998 ACM conference on Computer supported cooperative work. the 1998 ACM conference. Seattle, Washington, United States. ACM Special Interest Group on Supporting Group Work; ACM Special Interest Group on Computer-Human Interaction. New York, NY: ACM, S. 363–372.

McCarthy, Kevin; Salamó, Maria; Coyle, Lorcan; McGinty, Lorraine; Smyth, Barry; Nixon, Paddy (Hg.) (2006): CATS. A Synchronous Approach to Collaborative Group Recommendation. FLAIRS Conference.

Melville, Prem; Mooney, Raymond J.; Nagarajan, Ramadass (Hg.) (2002): Content-boosted collaborative filtering for improved recommendations. In Proceedings of the Eighteenth National Conference on Arti-ficial Intelligence, Edmonton, Canada, S. 187-192.

O'Connor, Mark; Cosley, Dan; Konstan, Joseph A.; Riedl, John (Hg.) (2002): PolyLens. A Recommender System for Groups of Users. ECSCW 2001: Springer.

Ortega, Fernando; Hernando, Antonio; Bobadilla, Jesus; Kang, Jeon Hyung (2016): Recommending items to group of users using Matrix Factorization based Collaborative Filtering. In: *Information Sciences* 345, S. 313–324. DOI: 10.1016/j.ins.2016.01.083.

Panniello, Umberto; Gorgoglione, Michele; Tuzhilin, Alexander (2015): In CARS We Trust. How Context-Aware Recommendations Affect Customers' Trust And Other Business Performance Measures Of Recommender Systems.

Park, Deuk Hee; Kim, Hyea Kyeong; Choi, Il Young; Kim, Jae Kyeong (2012): A literature review and classification of recommender systems research. In: *Expert systems with applications* 39 (11), S. 10059–10072. DOI: 10.1016/j.eswa.2012.02.038.

Park, Moon-Hee; Park, Han-Saem; Cho, Sung-Bae (2008): Restaurant Recommendation for Group of People in Mobile Environments Using Probabilistic Multi-criteria Decision Making. In: David Hutchison, Hyunseung Choo, Sungdo Ha, Takeo Kanade, Josef Kittler, Jon M. Kleinberg et al. (Hg.): Computer-Human Interaction. 8th Asia-Pacific Conference, APCHI 2008 Seoul, Korea, July 6-9, 2008 Proceedings, Bd. 5068. Berlin, Heidelberg: Springer (Lecture Notes in Computer Science, 5068), S. 114–122.

Pathak, Bhavik; Garfinkel, Robert; Gopal, Ram D.; Venkatesan, Rajkumar; Yin, Fang (2010): Empirical Analysis of the Impact of Recommender Systems on Sales. In: *Journal of Management Information Systems* 27 (2), S. 159–188. DOI: 10.2753/MIS0742-1222270205.

Pazzani, Michael J. (1999): A Framework for Collaborative, Content-Based and Demographic Filtering. In: *Artificial Intelligence Review* 13 (5/6), S. 393–408. DOI: 10.1023/A:1006544522159.

Pessemier, Toon de; Dooms, Simon; Martens, Luc (2014): Comparison of group recommendation algorithms. In: *Multimed Tools Appl* 72 (3), S. 2497–2541. DOI: 10.1007/s11042-013-1563-0.

Popescu, George (2013): Group Recommender Systems as a Voting Problem. In: David Hutchison, Takeo Kanade, Josef Kittler, Jon M. Kleinberg, Friedemann Mattern, John C. Mitchell et al. (Hg.): Online Communities and Social Computing, Bd. 8029. Berlin, Heidelberg: Springer Berlin Heidelberg (Lecture Notes in Computer Science), S. 412–421.

Quijano-Sanchez, Lara; Recio-Garcia, Juan A.; Diaz-Agudo, Belen; Jimenez-Diaz, Guillermo (2013): Social factors in group recommender systems. In: *ACM Transactions on Intelligent Systems and Technology (TIST)* 4 (1), S. 8. Online verfügbar unter http://dl.acm.org/citation.cfm?id=2414433.

Quintarelli, Elisa; Emanuele Rabosio; Tanca, Letizia (Hg.) (2016): Recommending New Items to Ephemeral Groups Using Contextual User Influence. Proceedings of the 10th ACM Conference on Recommender Systems: ACM.

RecSys Community (2017): The ACM Conference Series on Recommender Systems. Online verfügbar unter https://recsys.acm.org/, zuletzt aktualisiert am 21.08.2017, zuletzt geprüft am 21.08.2017.

Ricci, Francesco; Rokach, Lior; Shapira, Bracha; Kantor, Paul B. (Hg.) (2011): Recommender Systems Handbook. Boston, MA: Springer US.

Sarwar, Badrul; Karypis, George; Konstan, Joseph; Riedl, John (2000): Application of dimensionality reduction in recommender system-a case study. Minnesota Univ Minneapolis Dept of Computer Science.

Sarwar, Badrul; Karypis, George; Konstan, Joseph; Reidl, John (2001): Item-based collaborative filtering recommendation algorithms. In: Vincent Y. Shen (Hg.): Proceedings of the 10th international conference on World Wide Web. the tenth international conference. Hong Kong, Hong Kong, 1/5/2001 - 5/5/2001. ACM Special Interest Group on Hypertext, Hypermedia, and Web; Hypertext, Hypermedia, and Web. New York, NY: ACM, S. 285–295.

Schafer, J. Ben; Frankowski, Dan; Herlocker, Jon; Sen, Shilad (2007): Collaborative Filtering Recommender Systems. In: Peter Brusilovsky, Alfred Kobsa und Wolfgang Nejdl (Hg.): The Adaptive Web, Bd. 4321. Berlin, Heidelberg: Springer Berlin Heidelberg (Lecture Notes in Computer Science), S. 291–324.

Schafer, J. Ben; Konstan, Joseph A.; Riedl, John (2001): E-commerce recommendation applications. In: Applications of data mining to electronic commerce: Springer, S. 115–153.

Senot, Christophe; Kostadinov, Dimitre; Bouzid, Makram; Picault, Jérôme; Aghasaryan, Armen; Bernier, Cédric (2010): Analysis of Strategies for Building Group Profiles. In: David Hutchison, Takeo Kanade, Josef Kittler, Jon M. Kleinberg, Friedemann Mattern, John C. Mitchell et al. (Hg.): User Modeling, Adaptation, and Personalization, Bd. 6075. Berlin, Heidelberg: Springer Berlin Heidelberg (Lecture Notes in Computer Science), S. 40–51.

Shani, Guy; Gunawardana, Asela (2011): Evaluating Recommendation Systems. In: Francesco Ricci, Lior Rokach, Bracha Shapira und Paul B. Kantor (Hg.): Recommender systems handbook. New York: Springer, S. 257–297.

Wang, Yi-Fan; Chuang, Yu-Liang; Hsu, Mei-Hua; Keh, Huan-Chao (2004): A personalized recommender system for the cosmetic business. In: *Expert systems with applications* 26 (3), S. 427–434. DOI: 10.1016/j.eswa.2003.10.001.

Webster, Jane; Watson, Richard T. (2002): Analyzing the past to prepare for the future. Writing a literature review. In: *MIS quarterly*, S. xiii–xxiii.

Wübbenhorst, Klaus; Kamps, Udo (o.J): Stichwort: Bias. Hg. v. Springer Gabler Verlag. Online verfügbar unter http://wirtschaftslexikon.gabler.de/Archiv/2291/bias-v10.html, zuletzt geprüft am 20.12.2017.

Yu, Zhiwen; Zhou, Xingshe; Hao, Yanbin; Gu, Jianhua (2006): TV Program Recommendation for Multiple Viewers Based on user Profile Merging. In: *User Modeling and User-Adapted Interaction* 16 (1), S. 63–82. DOI: 10.1007/s11257-006-9005-6.